Nady Mirian

LEID – DIE EMOTIONALEN WELLEN DES LEBENS

NADY MIRIAN

LEID

Die emotionalen Wellen des Lebens

Warum schwere Lebensphasen dazugehören und uns sogar wachsen lassen

KÖSEL

FSC MIX Papier | Fördert gute Waldnutzung FSC® C014496

Penguin Random House Verlagsgruppe FSC® N001967

Redaktion: Hendrik Heisterberg
Umschlag: zero-media.net, München
Umschlagmotiv: © FinePic®, München
Satz: Satzwerk Huber, Germering
Druck und Bindung: GGP Media GmbH, Pößneck
Printed in Germany
ISBN 978-3-466-37324-6

www.koesel.de

INHALT

EIN BUCH FÜR DICH

Wir alle haben eine Sache gemeinsam: Zum Menschsein gehört Leid. Doch ich glaube, dass umfassende Erkenntnis immer Leiden voraussetzt, und dass wir ohne diese Erfahrung keine Resilienz entwickeln können. Wie bereits die Philosophin Simone Weil einst schrieb: »Man muß das Leiden lieben, aber man darf es nicht suchen [...].«[1]

Ich habe dieses Buch aus meiner eigenen Vulnerabilität heraus geschrieben, um zu verstehen, warum meine Leidverarbeitung keinen Platz in unserer Gesellschaft hat. Warum ich mich mit meinem Leid unter anderen Menschen oft »lost« gefühlt habe. Denn so habe ich oft empfunden und bin überzeugt, dass es heute vielen Menschen ganz ähnlich ergeht.

Dieses Buch ist für die Menschen, die sich oft mit ihren leidvollen Emotionen alleingelassen fühlen, da die Gesellschaft wenig Raum für diese wichtigen und menschlichen Regungen schafft. Menschen, die leiden und sich nach Heilung sehnen. Die kritisch sind und Tiefe empfinden. Die verstehen wollen oder längst verstanden haben, dass es keine Anleitung für die eigene Leidverarbeitung gibt.

Dieses Buch ist für dich, wenn auch du emotional wachsen möchtest. Emotionales Wachstum braucht Mut, da du dich deinen inneren Dämonen stellen musst. Verletzlich sein braucht Mut und einen neuen Blick auf das Leiden. Denn deine Gefühle sind da, und sie bleiben – wir können nur verändern, wie wir ihnen begegnen. Es ist alles ein Prozess, ohne Gebrauchsanweisung.

Auf unserer gemeinsamen Reise werde ich dich herausfordern, mitzudenken, mitzufühlen und über das Leiden anderer zu lernen.

Dieses Buch ist für dich.

Lass nicht zu, dass die Gesellschaft
dir vorschreibt, wie du fühlen sollst.

1

EINLEITUNG: ES GIBT KEIN LEBEN OHNE LEID

»Lauf, Forrest, lauf!«[2]

Die Geschichte von Forrest Gump bewegte damals wie heute Millionen in den Kinos und vor den Fernsehern daheim. Im Kern bilden all die berührenden Anekdoten, die Tom Hanks in der Titelrolle uns da an einer Bushaltestelle sitzend und Pralinen naschend erzählt, eine Leidensgeschichte – und gleichzeitig eine Geschichte der Heilung. Forrest Gump lernt bereits im Kindesalter, vor seinem Leiderleben wegzulaufen: vor physischem Schmerz, als die anderen Kinder ihn mit Steinen bewerfen, aber auch vor psychischem Schmerz, als sie ihn ausgrenzen. Er läuft davon, als seine Mutter stirbt oder seine große Liebe Jenny ihn aus dem Nichts nach der ersten Liebesnacht verlässt. Und auch wenn dabei vermutlich den meisten von uns zum Weglaufen zumute wäre, spielt es im Leben unseres liebsten Krabbenfischers eine besondere Rolle: Laufen ist für Forrest Gump eine Bewältigungsstrategie, mit Leiderfahrungen umzugehen. Diese nutzt er – oder »integriert« er, wie wir in der Psychologie sagen würden – sein Leben lang. Mit dem Laufen kommt Forrest Schritt für Schritt näher an Heilung. Wir alle haben unsere eigenen Strategien, mit Leid umzugehen. Sie sind so individuell wie wir selbst. Das Schwierige am Leiden ist insofern nicht so sehr das Leid selbst, das wir erfahren – es ist vielmehr für uns, das zu finden, was Forrest Gump für sich im Laufen gefunden hat.

Heute begegnen wir Leid überall. Es ist ein omnipräsentes Phänomen: Auf den Straßen sehen wir Obdachlose, die um Spenden bitten. Online und offline werden wir mit dem Kummer und den Sorgen konfrontiert, die Menschen mit sich herumtragen. Europa ist gegenwärtig ein Schauplatz von Konflikten, die sich so nah vor unserer Haustür abspielen und die uns in einer Art und Weise betreffen, wie wir es hier in Deutschland lange nicht mehr erlebt haben. Schon alleine durch diese geografische Nähe, wirkt sich das viele Leid in der Welt somit auch für uns alle sehr unmittelbar auch auf unseren Alltag aus. Wir sehen die Welt zusammenbrechen, überall Krieg, Terror und Menschen, die zu Unrecht leiden. Wir lesen nicht erst seit der Wirtschaftskrise von Familien, die zu wenig Geld haben, um ihre Kinder zu ernähren.

Klar, Leid gehört zum Leben dazu, doch dieses Phänomen hat mehr als eine Seite: Es kann uns zuweilen in die Knie zwingen, aber auch aktivieren und motivieren, am Leben teilzunehmen. Diese Ambivalenz hat etwas Faszinierendes. Es steht außer Frage, dass uns das Betrachten des Leidens anderer berührt. Doch es kann uns auch inspirieren, neue Blickwinkel auf das Leben einzunehmen und unser eigenes Leben nochmals zu überdenken. Es kann uns motivieren, aktiv zu werden, um das Leiden zu lindern, sei es durch Selbstreflexion und intensive Arbeit an dir selbst, durch Spenden, freiwillige Arbeit oder politische Aktivitäten, die auf Veränderung abzielen. Leid verbindet uns – zumindest geht es mir so.

Ich kenne niemanden, der noch nie gelitten hätte. Wer leidet, hat meist keine Ausweichmöglichkeit, da Krisenphasen (wie die Geburt und der Tod) Abschnitte im Lebenslauf darstellen, auf deren Eintreten oder Ausbleiben wir wenig eigenen Einfluss haben. Denn obwohl wir gern versuchen, Kontrolle auszuüben und unser Leben in bestimmte Bahnen zu lenken, kommt das Außen, die emotionalen Wellen des Lebens, immer wieder auf uns zu. Das kann Wellen von Glück, Freude oder auch Leid bedeuten.

Der Lebenslauf ist im Kern ein variabler, unkontrollierbarer und wandelbarer Prozess. In meiner beruflichen Tätigkeit und in zahlreichen Gesprächen rund um die Psyche, habe ich oft beobachtet, dass sich viele Menschen aufgrund starker Schamgefühle nicht erlauben, »für sich« und auf ihre eigene Art und Weise zu leiden. Wir alle kennen es wahrscheinlich, dass wir uns beispielsweise automatisch entschuldigen, wenn wir vor anderen weinen. Es entsteht eine tiefe Scham in uns, die wir nicht zuordnen können. Das Umfeld setzt uns unbewusst und automatisch unter Druck, indem es tröstend reagiert. Doch warum schämen wir uns überhaupt, wenn wir vor anderen weinen? Ich denke, dies hängt damit zusammen, dass wir externe Kategorien des »Leidendürfens« und »Nichtleidendürfens« internalisiert haben.

Wenn wir beispielsweise nach dem Ende einer romantischen Beziehung zu lange leiden, erwartet man von uns ein Bewusstsein dafür, dass es auch Schlimmeres auf der Welt gibt. Zusprüche wie »Unternimm doch was Schönes«, »Lenk dich ab« oder »Probier's mal mit Sport« sollen uns helfen, unser Leid zu lindern. Trennungsschmerz ist jedoch ein Gefühl, das für die Aufarbeitung der Verlusterfahrung seine Berechtigung hat, auch wenn es uns eher in eine Starrheit versetzt, sodass es sich möglicherweise nicht einfach mit Sport und Unternehmungen wegschieben lässt.

Natürlich hilft es, sich trotz Kummer zu bewegen und an die frische Luft zu gehen. Doch man kann sich durchaus die Frage stellen, ob emotionales Leiden mit derartigen Tipps und Tricks sinnvoll zu bearbeiten sind. Ich gehe stark davon aus, dass keiner dieser Kniffe den tiefen Schmerz der Trennung bereinigen kann, egal wie gut er rational betrachtet erscheinen mag. Gefühle haben nun mal keinen An- und Abschaltknopf. Jeder braucht seine individuelle Zeit und individuelle Wege der Leidverarbeitung.

In der heutigen Zeit der Schnelllebigkeit und der Selbstdarstellung, vor allem in den sozialen Netzwerken, lassen wir uns zunehmend von externen Ratgebern und Pseudoheilungstipps leiten, um emotionalen Schmerz »erfolgreich« zu bewältigen. Scheinbar beschäftigt diese Sehnsucht nach Bewältigung heute so viele von uns, dass sie längst zu einem regelrechten Trend geworden ist. Doch nicht jeder Trend ist immer auch ein positiver: Denn zum einen streben wir gesamtgesellschaftlich nach Glück und Freude – zum anderen kann dieser extreme Drang nach Glück aber auch dazu führen, dass wir immer unzufriedener mit unserem Leben sind, wie es mittlerweile zum Beispiel auch Zeitschriften wie die *Brigitte* immer häufiger thematisieren.[3]

Für mich ergibt das Sinn, da wir einerseits nur Glück empfinden wollen und andererseits bei Nicht-Glücksempfinden auf »Heilung« setzen – ein Begriff, der mich sehr aufbringt, da er impliziert, danach sei alles besser. Allerdings überspringen die meisten Menschen den Prozess der Heilung, was unter anderem bedeuten würde, das Leid zu fühlen. Stattdessen beschäftigen sie sich häufiger in den sozialen Netzwerken mit Selbsthilfe-Accounts, wie beispielsweise dem der renommierten Existenzialpsychologin Dr. Sara Kuburuic (bekannt unter @millennial.therapist) oder auch dem des Meditationslehrers Diego Perez (bekannt unter @yung_pueblo).

Ich bestreite nicht, dass Selbsthilfe-Accounts hilfreich sein können, um sich impulsgebend zu reflektieren, aber man sollte sich nicht nur daran orientieren. Heilung beinhaltet Leidverarbeitung und vor allem Leidintegration. Ich glaube nicht, dass ich durch das Betrachten von Instagram-Zitaten ein tieferes Bewusstsein entwickeln kann. Sie können mir nur kurzfristig helfen, etwas zu reflektieren oder mich verstanden zu fühlen.

Selbstheilung ist heute ein kapitalistisches Verkaufsgeschäft. Die meisten Selbsthilfe-Expert*innen in den sozialen Netzwerken machen mit ihren Instagram-Accounts inklusive Healing-Tipps finanziellen Gewinn, wie etwa durch Buchveröffentlichungen oder vermehrte mediale Auftritte. Diese Instagram-Accounts, die immer wieder Heilung versprechen und thematisieren, profitieren davon, dass Menschen sich tatsächlich mehr auf Heilung als auf Leidannahme konzentrieren. Ich glaube, darin äußert sich der extreme Drang nach Heilung in unserer Gesellschaft insgesamt, und auch eine gewisse Schwere, die wir alle in uns tragen. Der Psychiater Carl Gustav Jung, der sich viel mit der Bedeutsamkeit von Leid beschäftigte, beschrieb Leiden als einen realen Zustand, genauso wie das Glücksempfinden, jedoch bedingen sie einander, was bedeutet, dass es kein Leiden ohne Glück und kein Glück ohne Leiden gibt. Heilung entsteht daher nach Jung durch das Eindringen in das Unbewusste: »Der Abstieg in die Tiefe führt zur Heilung.«[4] Dieser Teil wird vor allem in den sozialen Netzwerken wie Instagram über das Teilen vieler persönlicher Leiderfahrungen übersprungen. Dies wird besonders deutlich auf Instagram-Accounts von Influencer*innen, die ihr Leiderleben öffentlich teilen, etwa Verlusterfahrungen oder andere schwerwiegende Krisen. Es erfordert natürlich viel Mut, derartig leidvolle Erfahrungen nach außen zu tragen, wofür ich diese und andere Menschen durchaus bewundere, jedoch hat die Präsentation im Kontext sozialer Medien für mich auch einen kommerziellen Wert, der unvermeidbar mitschwingt.

Aus beruflicher und persönlicher Erfahrung weiß ich, dass Menschen Leid auf unterschiedliche Weise verarbeiten. Jedoch ist das Teilen von derartigen Leiderfahrungen in sozialen Medien eventuell auch mit dem Ziel verbunden, virtuell zu wachsen, also mehr Follower, Kommentare und Likes zu bekommen – vielleicht teilweise sogar, ohne dass diese Komponente den Menschen, die sich im Netz offenbaren selbst im Moment des Postens klar bewusst sein muss. Das Teilen von Leiderfahrungen in sozialen Netzwerken kann daher einen kapitalistischen Ansatz haben: Wir zeigen unsere Tränen in Instagram-Storys, externalisieren unser Leid und erhalten dafür Anerkennung in Form von Likes und neuen Followern. »Storytelling is Storyselling«, schreibt der Philosoph Byung-Chul Han.[5] Im Kapitalismus ist das Erzählen von Geschichten ein entscheidender Mechanismus, der es ermöglicht, Emotionen zwischen den Erzählenden und dem Publikum zu verknüpfen. Auf diese Weise entsteht eine Beziehung, die das Kaufverhalten, den Verkauf und den Konsum von Produkten und Ideen beeinflusst: »Storys sell«.[6]

Ich erkenne ähnliche Muster vor allem in Leiderzählungen, da diese sich gespannter gestalten lassen. Jedoch wird das Leid (ich könnte auch sagen »Problem«) der leidenden Person vielleicht nur kurzzeitig durch ein Like oder einen Kommentar virtuell betäubt, aber nicht gelöst. Diese Form der Leidexternalisierung verdeutlicht mir, dass wir uns schwer damit tun, geeignete Bewältigungsstrategien zu finden und uns mehr Unterstützung im Umgang mit Leid wünschen. Das Auslagern von Leid führt jedoch nicht zur Bewältigung desselben. Ganz im Gegenteil: meiner Meinung nach kann es das empfundene Leid schlimmstenfalls sogar banalisieren. Der Post zum schwerwiegenden emotionalen Erlebnis ist schließlich für alle, die ihn betrachten, im wahrsten Sinne des Wortes schnell zur Seite gewischt, wenn sie sich ihrerseits nicht damit beschäftigen wollen. Streng genommen muss ich mich als Beobachterin nicht emotional mit dem Leid der Person in Social Media beschäftigen, da der Post einfach wegswipebar ist. Es gibt viele Menschen, die sogar überfordert sind, wenn jemand leidet. Auch um diese Überforderung nicht zu erleben, wird der Post weggewischt. Es bringt zwar unter anderem Follower*innen aber kaum einen eigenen Umgang mit dem Leid. Bewältigung erfordert eine persönliche Entwicklung, zu der ein langsamer Prozess mit viel Akzeptanz, Konfrontation und auch Selbstreflexion gehört. Sie kann nicht einfach durch einen Moment (virtuellen) Wachstums erreicht werden. Trotz unserer häufigen Interaktion über virtuelle Profile sind wir keine Maschinen – das sollten wir nicht vergessen.

Die Leidverarbeitung, also das eigene Leid anzunehmen und bewusst zu bearbeiten, überspringen wir häufig auch aus dem Grund, da wir es als persönliches Scheitern interpretieren. Wir gehen davon aus, dass wir unseren Alltag ohne gute Laune nicht bewältigen und so auch nicht proaktiv in unseren Positionen funktionieren, sei es die Position auf der Arbeit, im Freundeskreis oder in den privateren Beziehungen. Wir wollen nicht persönlich scheitern, da wir in unserer kapitalistischen Gesellschaft gelernt haben, dass wir funktionieren müssen, um unsere Funktion in der Gesellschaft zu erfüllen: Leid hindert uns demnach daran, das Leisten aufrechtzuerhalten und im Hamsterrad der Leistung zu funktionieren.

Das war aber nicht immer so. Es gab Zeiten, in denen Leid als ein Bestandteil des Lebens betrachtet wurde. Die praktische Lebensphilosophie der Stoiker war von der Akzeptanz der Realität geprägt und führte dazu, dass sie bewusster und gesünder lebten, als viele von uns es heute tun. Die Stoiker interpretierten Leid wertfrei, indem sie es in einen neuen Kontext einbetteten und mit Gelassenheit und Weisheit behandelten. Anstatt sich darauf zu versteifen, Dinge zu kontrollieren, die außerhalb unserer Macht liegen – wie zum Beispiel der Tod –, lenkten sie ihre Kontrolle auf ein bewussteres Leben. Das Bewusstsein für die Endlichkeit unseres Lebens mag beängstigend sein, aber es eröffnet auch die Möglichkeit, unser Leiden aus einem anderen Blickwinkel zu betrachten und eine tiefere Weisheit über das Leben zu erlangen.

Der Youtube-Star Philipp Mickenbecker wurde während der letzten drei Monate seines Lebens in einer Netflix-Dokumentation mit einer Kamera begleitet. In seinem jungen Leben wurde bei ihm dreimal Krebs diagnostiziert. Zweimal konnte der Tumor medizinisch behandelt werden, und er überlebte, doch beim dritten Mal gaben die Ärzte die Hoffnung auf. Sie teilten ihm mit, dass ihm nur noch wenige Wochen oder Monate blieben, da sich der Krebs so schnell ausbreite, dass lebenswichtige Organe betroffen seien.[7] Ich habe mir die Dokumentation angesehen und schon in diesem Abschnitt viele Tränen vergossen.

Es war nicht nur die Diagnose, die mich bewegte, sondern auch die Erscheinung dieses strahlend glücklichen jungen Mannes, der so viel Lebenswillen verspürte. Seine Resilienz war bemerkenswert und berührte mich zutiefst. In den letzten Monaten seines Lebens entwickelte er seine Bewältigungsstrategie – in seinem Fall die Liebe zu Gott – und einen selbst erwählten Umgang mit seiner Erkrankung zu finden. Aus dieser schöpfte er viel Kraft, die letzte Zeit in vollen Zügen zu genießen. Ich denke, Philipp kam zu der stoischen Ansicht, dass unsere Seele unvergänglich ist – eine Erkenntnis, die ihm half, das Leben aus einem anderen, positiveren und rationaleren Blickwinkel zu betrachten: »Das ist mir bewusst geworden, dass jede Minute im Leben wertvoll ist, die man nie zurückbekommen kann. Und dass ich mich jeden Tag auch frage, warum mache ich grade das, was ich mache?«[8]

Wir vergessen schnell, dass unser Leben nicht unendlich ist. Wir glauben, der Tod sei nur im Außen, jedoch ist die Realität eine andere. Die Dokumentation über Philipp Mickenbecker zeigt die Bedeutsamkeit vom bewussten Umgang mit dem Leben und unserem Leiderleben: Leid betrifft uns alle, so wie auch der Tod. Es sind Abschnitte unseres Lebens. Wir alle sollten uns viel mehr den Gedanken vorhalten, dass das Leben immer eine Momentaufnahme ist und wir es bewusster leben können, wenn wir diesen Gedanken nicht vergessen. Eines Tages trifft es uns alle.

Ich weiß, das klingt alles andere als positiv. Doch ich bin nicht pessimistisch. Ich möchte dir nur das Leben nahebringen, um Bewusstsein für dich selbst zu schaffen: Keiner von uns ist unsterblich. Darum sind mir die zahlreichen Ratschläge zur sogenannten Heilung die Pseudo-Resilienztipps für ein ewiges Leben und die idealisierte Vorstellung von Glück ein Dorn im Auge. Diese Ratgeber-Versprechen werden uns nicht weiterbringen. Es ist emotional erleichternd, das Leben anzuerkennen und von dort aus zu handeln, anstatt uns in Illusionen zu verlieren, so meine Devise.

Ich persönlich glaube, dass Bewusstsein entsteht, wenn wir unsere leidvollen Emotionen zulassen, unsere Wunden kennenlernen und auch die Kürze des Lebens anerkennen. Wenn du die Unsterblichkeit ausschließt, kannst du deine Leiderfahrungen auch geschmeidiger in den Alltag integrieren und begreifen, dass sie Teil deines Lebens sind, und dass es irgendwann wie vorher ohne Leiderleben weitergeht. Es ist eine Phase, es ist vielleicht auch mehr als nur eine Phase, jedoch wird das Gefühl irgendwann anders und schwächer. Versuch es erst mal auszuhalten.

ÜBER WAS SPRECHEN WIR EIGENTLICH, WENN WIR VON LEID REDEN?

Die Erklärungen des Begriffs »Leid« in den Medien und zum Teil auch in der Wissenschaft halte ich für undifferenziert. Googelt man beispielsweise »Leid, Psychologie, Definition«, so heißt es direkt bei einem der ersten Treffer, im *Lexikon der Psychologie,* dass Leiden wie folgt definiert wird: Es sei ein »negatives Gefühl«, welches »z. B. durch Schmerz, depressive Verstimmungen und andere unangenehme Zustände (z. B. Trauma)«[9] hervorgerufen wird. Es gibt zahlreiche andere Definitionen, die mit dieser einhergehen und denen ich widerspreche: Erstens stellen sie Leid als etwas Negatives dar, obwohl es ein Teil unseres Lebens ist, zweitens führt die mangelnde Differenzierung zur Massenverwendung von psychologisch wichtigen Begriffen. Vor allem fehlt mir in der zitierten Definition und auch in anderen die Differenzierung zwischen Leid und Leidensdruck.

Wenn wir Leid aus psychologischer Perspektive betrachten, stimmt es durchaus, dass es sich dabei um ein an sich subjektiv belastenderes Gefühl handelt. Jedoch würde ich fachlich gesehen Gefühle nicht pauschal in die Kategorien negativ oder positiv stecken, da unsere Gefühle nicht schwarz-weiß sind. Darüber hinaus ist es wichtig zu verstehen, dass beispielsweise Depressionen oder andere psychischen Erkrankungen nicht über Leid, sondern über *Leidensdruck* entstehen. In meinem Beruf arbeite ich fast ausschließlich mit Menschen zusammen, die Leidensdruck empfinden. Doch Leid und Leidensdruck sind für mich zwei unterschiedliche Zustände: Wenn wir Leid erleben, also leiden, können wir mental in einem Tief sein, uns aber gleichzeitig auch mit der Situation arrangieren, sie zulassen und weiterhin am Leben teilhaben. Leidensdruck dagegen ist mit psychischen und/oder physischen Symptomen verbunden, die uns in unserem Lebensstandard und unserer Funktionsfähigkeit einschränken. Die Symptome variieren je nach den individuellen Persönlichkeitsmerkmalen und der Diagnose.

Während das Leiden teils auch mit leichten Symptomen einhergehen kann, hindern uns unsere Symptome unter Leidensdruck maßgeblich daran, den Alltag zu bewältigen – so sehr, dass die eigene Lebensqualität stark gemindert wird und das Gefühl aufkommen kann, es nicht allein zu schaffen. Hier ist es nötig, sich Unterstützung zu suchen, denn Leidensdruck hat einen Einfluss auf die Entwicklung von psychischen Erkrankungen.

Leid ist somit nicht direkt mit Leidensdruck gleichzusetzen. Dies bedeutet wiederum, dass jemand, der leidet, nicht automatisch mit psychischen Schwierigkeiten kämpft oder sogar krank ist, wie es uns das gesellschaftliche Narrativ gern weismacht.

Auch bei den Begriffen depressive Verstimmungen und Trauma bedarf es einer genaueren Differenzierung in Bezug auf Leid. Das Verhältnis von Gesundheit und Krankheit ist nicht so linear, wie wir es häufig betrachten. Eine depressive Verstimmung liegt vor, wenn einzelne Symptome einer Depression bis zu zwei Wochen anhalten. Zu diesen Symptomen zählen zum Beispiel verminderte Lust auf soziale Aktivitäten oder Niedergeschlagenheit. Obwohl diese Symptome den Alltag, die Funktionalität und die Lebensqualität beeinträchtigen, erreichen sie nicht das Ausmaß oder die Dauer, die für eine klinische Depression typisch sind. Depressive Verstimmung meint also eine temporäre Veränderung deiner Stimmungslage, zum Beispiel in den Wintermonaten. Jedoch muss man auch hier darauf achten, dass nach einer Verlusterfahrung Symptome der

Trauer einer depressiven Verstimmung ähneln und als Teil des Trauerprozesses gelten.[10] Diese Art von Empfinden ist daher keine pathologische Depression, sondern gehört zum erlebten Verlust dazu.[11] Es ist menschlich, sich nach einer Verlusterfahrung etwas zurückzuziehen, nicht ständig Appetit oder auch keinen entspannten Schlaf zu haben. Mir ist es wichtig, dass derartige Differenzierungen beschrieben werden, da dieser Ausdruck von Leid menschlich ist: Jemand Geliebtes ist nun weg. Dasselbe Problem sehe ich mit dem Gebrauch des Begriffs Trauma, welcher in meinen Augen ebenso zu inflationär ist. In der Psychotherapie werden Traumata nicht, so wie in der oben genannten Einordnung, nur als rein »unangenehme Zustände« beschrieben, sondern viel tiefgründiger betrachtet:

Menschen, die von einem Trauma betroffen sind, erleben einen erheblichen Leidensdruck.[12] Oft waren sie gravierenden Katastrophen ausgesetzt, wie psychischem und körperlichem (sexuellem) Missbrauch, Kriegserfahrungen oder einem sehr plötzlichen Verlust nahestehender Menschen. Um weiterhin am Leben teilnehmen zu können, verdrängen sie diese Erlebnisse unbewusst aus ihren Erinnerungen. Unser Gehirn hat den natürlichen Drang, uns zu schützen und am Leben zu erhalten, dennoch bleiben die emotionalen und psychologischen Auswirkungen eines Traumas präsent.

Im Gegensatz zu normalen Stresssituationen, wie Stress am Arbeitsplatz, können Menschen, die ein Trauma erlebt haben, oft nicht einfach aus der stressigen Situation herauskommen. Selbst wenn die belastende Situation vorbei ist, werden die Erinnerungen an das traumatische Ereignis bei geringsten Anzeichen von Gefahr im Gehirn reaktiviert, da sie dort weiterhin präsent sind. Dies führt dazu, dass Betroffene auch lange nach dem eigentlichen Ereignis unter den Auswirkungen des Traumas leiden und sich in einem ständigen Zustand erhöhter Wachsamkeit oder Angst befinden können.[13] Traumata gehen meist auch mit verschiedenen klinischen Symptomen einer Depression oder Schlafstörungen einher. Ebenso kann es bei den Betroffenen zu Drogen- und/oder Alkoholmissbrauch kommen, um die belastenden Gefühle zu sedieren.

Leid ist demnach nicht direkt mit (klinischen) Diagnosen zu labeln: Handelt es sich auch um ein unschönes Gefühl, ist es (ähnlich wie Schmerz – ein Begriff, der viel lieber gebraucht wird) emotional bedingt und unvermeidbarer Bestandteil unseres Lebens. Leid beschreibt jedoch nicht nur eine emotionale Tiefe, wie das Gefühl Trauer, sondern vereint verschiedene sozial vermeintlich negative Gefühle wie Wut, Angst und Ohnmacht. Jeder leidet im Leben einmal, mehrmals oder über längere Strecken.

Schmerz beschreibt dagegen ein akutes Gefühl des Unbehagens und trifft im allgemeinen Sprachgebrauch häufig eher auf den Körper als auf die Seele zu. Er bildet für mich daher den physischen Gegensatz zum Leid, welches eine breitere Palette von Emotionen und psychischen Zuständen umfasst, die mit Erfahrungen und Emotionen wie Trauer, Verlust, Enttäuschung und anderen Formen von psychischem Unwohlsein verbunden sind. Leid möchte ich daher als eine Art psychologischen Gegensatz zum reinen physischen Schmerz einführen, da es sich auf eine tiefer gehende, emotionalere Ebene bezieht.

Die Aussage »Ich habe Schmerzen« ist weniger lang anhaltend schreckhaft für andere konnotiert als »Ich leide«. Uns ist direkt klar, was gemeint ist: Leid ist mehr als nur ein reiner Bestandteil deines Lebens, der zwar hin und wieder vorkommt, aber einen Zweck erfüllt. Mit unseren unausweichlichen Leiderfahrungen überdenken wir unser Leben ganz anders: Rückblickend wärst du nicht da, wo du jetzt bist, wärst du keinen Leiderfahrungen ausgesetzt gewesen.

Wie gesagt, erkannte auch schon der Psychiater und Begründer der analytischen Psychologie, Carl Gustav Jung diesen Zusammenhang zwischen Glück und Leiden.[14] Jung praktizierte eine für mich sehr authentische Psychologie, da er die dunklen Seiten im Leben eines Menschen nicht ausließ. Die analytische Psychologie schaut auf den Menschen als Ganzes und hat das Ziel, dass Klient*innen eine Einsicht für ihren psychischen Leidensdruck entwickeln, um so in den Heilprozess zu kommen.

Jung schrieb nicht nur viel über das Thema Leid, sondern auch über die dazugehörigen Sinnfragen, die unter anderem seelisches Leid verursachen. Er prägte einen Gedanken, nämlich dass Leiden zum Leben dazugehört und ein Bestandteil unseres Lebens ist, da wir ohne Leid »niemals irgendetwas tun würden«.[15] Was uns stattdessen als Menschen in Bewegung versetzt, ist, dass wir »Immer wieder versuchen [...] dem Leiden auszuweichen«, heißt es bei ihm.[16] Daher plädierte Jung für ein stärkeres Bewusstsein der Bedeutsamkeit von Leidverarbeitung und Integration. Ihm war es wichtig, dass Menschen lernen sollten, Leid »zu ertragen« und nicht wegzuschieben.[17]

Ich lehne mich an Jungs Theorie an, weil ich den Begriff Leid neu einführen möchte. Ich möchte ihn gesellschaftlich legitimieren und zu seiner Enttabuisierung in unserem Alltag beitragen. Dem erlernten assoziierten Schrecken, den wir mit Leid verbinden, wenn wir das Wort hören oder es jemand verwendet, möchte ich entgegenwirken: Klingt der Satz »Ich leide« für dich in diesem Moment emotional belastender als »Ich habe Schmerzen«? Falls ja, wird sich das hoffentlich bis zum Ende dieses Buches ändern. Bestenfalls lernen wir über unsere Leiderfahrungen, schneller die Freude des Lebens zu erkennen und bedächtiger an das Leben zu gehen.

Der deutsche Philosoph Artur Schopenhauer erkannte ebenso, dass Leben auch leiden bedeutet. Er betrachtete Leid nicht als negativ, sondern realistisch als Bestandteil unseres Lebens. Schopenhauer ist nicht für jede*n, das ist mir bewusst – doch die Ansätze seiner Leidensethik sind hochspannend. Nicht zuletzt versuchen wir auch heute das Leiderleben auf dem Weg zur Heilung zu ›überspringen‹: »Zwar wünschen Alle erlöst zu werden aus dem Zustande des Leidens und des Todes: sie möchten, wie man sagt, zur ewigen Säligkeit gelangen, ins Himmelreich kommen; aber nur nicht auf eigenen Füßen; sondern hingetragen möchten sie werden, durch den Lauf der Natur […]«, schreibt er.[18] Schon alleine wegen vielversprechender Erkenntnisse wie dieser könnte sich ein genauerer Blick auf seine Ideen lohnen.

Raus aus der Seifenblasenrealität: Ohne Leid keine Resilienz

Tod und Geburt sind Teil unserer Existenz: Leid fängt somit mit der Geburt an. Das erscheint zwar zunächst alles andere als Zuversicht erweckend, doch müssen wir diese Aussage nicht zwangsläufig pessimistisch verstehen. Denn Schopenhauers Erkenntnis hat auch eine versteckte Seite: Wenn mir von klein auf bewusst ist, dass das Leben Höhen und Tiefen bereithält, dass ich nicht in einer Seifenblase der Heilskultur wabere, so wie wir sie verstärkt in den sozialen Netzwerken erleben, dann kann ich einen positiven Umgang mit Leid als Bestandteil meines Lebens pflegen. Positiv bedeutet an dieser Stelle, dass es keine Resilienz, kein inneres Wachstum ohne Leid gibt. Du kannst nicht wissen, ob du resilient bist, solange du keine Leiderfahrungen »erfolgreich« – das heißt, ohne psychische und physische Langzeitfolgen – bewältigt hast. Leid und Resilienz bilden für mich ein Kontinuum. Ohne das eine, gibt es auch das andere nicht.

Die Wissenschaft sieht das ähnlich, genauer gesagt die Resilienzforschung, die sich etwa seit 1970 damit beschäftigt, wie man trotz durchlebter vulnerabler Phasen innere Widerstandskraft entwickeln kann. Heute weiß man, dass der Umgang mit solchen Lebenssituationen und Leiderfahrungen kein Knopfdruck ist, sondern ein dynamischer Anpassungsprozess. Dieser findet selbstverständlich nicht dadurch statt, dass ich meine Leidgeschichte auf Instagram teile, sondern indem ich meine eigenen Kompetenzen näher kennenlerne und erweitere. Anschließend kann ich das Leid mit den entsprechenden Bewältigungsstrategien behandeln, die wir alle subjektiv entwickeln.

Das Paradoxe in unserer Gesellschaft: Einerseits inszenieren wir unser Leiden – andererseits steht Leid immer noch zu sehr im gesellschaftlichen Hintergrund. Geradezu reflexhaft versuchen wir, Leid über verschiedene Strategien wie übermäßigen Sport, übermäßig gesunde Ernährung und Selbsthilfe-Posts auf Instagram wegzuschieben, womit wir verdeutlichen, dass wir gesellschaftlich keine gesunde, keine angemessene individuelle Leidkultur haben.

Damit meine ich nicht, dass wir unser Leid nicht mit anderen teilen sollen. Eher meine ich, dass wir lernen müssen, richtig mit unserem Leid umzugehen und es anzunehmen. Die Gesellschaft, die sozialen Medien, unsere Freund*innen, Familie oder Bekannten machen uns bewusst und unbewusst Druck, dass es immer weitergehen soll. Über Leid gibt es so viele kitschige

Sprüche, die wir im Alltag gern nutzen, nur wollen wir es nicht als wertvolle Ressource betrachten, da wir Leid als Gefahr wahrnehmen. So kommt es oft zu einer Leid-Bagatellisierung und Zusprüchen wie »Das wird schon«, »Ist doch nicht schlimm«, »Lass uns über was anderes sprechen« und so weiter. Solche Reaktionen helfen uns allerdings nicht wirklich dabei, unsere Gefühle adäquat wahrzunehmen.

Wir verschließen uns mit dem Leid, öffnen uns weniger dem Umfeld, da wir Angst entwickeln, die anderen zu »nerven«. Dieses Verschließen führt zu einer Internalisierung unserer Leiderfahrung, und wir fühlen uns elend, da wir zu allem Überfluss noch Schamgefühle entwickeln. Und diese Scham bringt uns nicht weiter, sondern bewirkt das Gegenteil.

Deshalb befürworte ich eine vertiefte Auseinandersetzung mit dem Thema Leid, obwohl dies nicht einfach ist, wenn man sich in einem gesellschaftlichen Umfeld bewegt, das keine offene Verarbeitung zulässt – und vor allem kaum Perspektivenwechsel, um nach Lösungen zu suchen. In unserer kapitalistischen Gesellschaft stehen Selbstoptimierung und Leistungsdruck im Zentrum unseres täglichen Lebens.

Stärke ist allgegenwärtig: Jeder kennt die Vielzahl von Büchern über emotionale Stärke, die uns versprechen, dass wir nur unsere Schwächen überwinden müssen und dann alles gut wird. Angefangen bei »Zehn Schritten, um schnell zu heilen« bis hin zu »Wie Sie Krisen mit mehr XY bewältigen können« und zahlreichen anderen Anleitungen, um »Stärke« zu erlangen. Das klingt verlockend, oder? Doch in Wahrheit bieten uns diese Bücher nur kurzfristige Hilfe. Wir suchen nach Selbstzerstörung, indem wir glauben, wir könnten Leid mithilfe einfacher Schritte wie in einer Anleitung behandeln.

Mich beschäftigt immer wieder die Frage: Warum betrachten wir Leid nicht als einen unvermeidlichen Bestandteil unseres Lebens? Ich traue mich manchmal kaum, mein Interesse an Menschen und ihren Umgang mit Leiderfahrungen offen zuzugeben. Doch auch wenn ich an meine Kindheit zurückdenke, fällt mir auf, dass ich schon als junges Mädchen neugierig darauf war, wie es Menschen schaffen, diese zu durchleben und dann gefestigt daraus hervorzugehen.

Die Auseinandersetzung mit Leid war ein Teil meiner Kindheit. Die erste Leidenserfahrung zu Hause war die Krankheit meiner Mutter. Ich erinnere mich gut an das Gefühl, das ich empfand, als ich meine Mutter an meinem fünften Geburtstag im Krankenhaus besuchte. Ich verstand damals nicht genau, was ihr fehlte. Doch obwohl ich wusste, dass etwas nicht stimmte und mehr wissen wollte, wurde die Krankheit meiner Mutter in meiner Familie nicht thematisiert. Damit sprachen wir nicht nur nicht über ihren Zustand und ihr Leid, sondern auch nicht über unseres. Es dennoch zu tun, hätte einen Tabubruch bedeutet. Entsprechend früh begann meine Reise in das Erforschen des emotionalen Schmerzes: Wieso wird dieser nicht auskommuniziert? Kinder nehmen alles wahr, sie spüren mehr, als man ihnen zutraut. Wir unterschätzen oft ihre Wahrnehmungsfähigkeit.

In der Schulzeit beobachtete ich vergleichbare Situationen und war immer wieder von der Tabuisierung von Gefühlen überrascht. Als eines Tages meine Klassenkameradin hinfiel und unsere Lehrerin sie ermahnte »Nicht weinen, Liebes«, fragte ich mich, warum sie eigentlich nicht weinen sollte. Hinfallen tut doch weh. Heute weiß ich, dass der Gedanke stimmte: Der Schmerz des Hinfallens kann über Tränen angenommen und verdeutlicht werden. Jedoch kann diese Reaktion auch eine Überforderung der Umwelt bedeuten, selbst wenn es sich dabei um ein Kind handelt. Die Umwelt will uns offensichtlich nicht weinen und leiden sehen. Wieder so ein Tabu – und anscheinend gab es das nicht nur innerhalb meiner Familie.

Ich bin in einem persisch-deutschen Elternhaus voller Liebe, Kultur und Bildung groß geworden. Meine Eltern trugen den Schmerz der persischen Revolution von 1979 in sich, Leid, Politik und Exil waren Hauptthemen, mit denen sie in Deutschland zu kämpfen hatten. Ihre politischen Einstellungen und das Aufklären über politische und gesellschaftliche Zusammenhänge flossen deshalb früh in meine Erziehung ein. Mein Vater, ein Feminist und Demokrat, hatte eine bekräftigende Haltung mir und dem Leben gegenüber. Er gab mir mit, dass es das Wichtigste sei, sich treu zu bleiben, und dass Integrität Bestandteil meines moralischen Fundaments sein sollte.

Ich lernte früh, dass ich mir treu bleiben und lernen soll, mich nicht von der Masse beeinflussen zu lassen, sondern immer meinem inneren Kern zu wahren und zu schützen. Sich selbst treu zu bleiben erweist sich jedoch speziell dann als Herausforderung, wenn vermeintlich negative Gefühle wie Leid weder zu Hause noch in der Schule einen Platz haben. Damals war mir nicht klar, dass die gesellschaftlichen Regeln, wie mit Leid umzugehen ist, noch einen sehr großen Einfluss auf mich, meine Denkweise, mein Verhalten und meine Gefühle haben würden.

Mit zwölf Jahren entdeckte ich Bruno Barbeys Bilderreihe *Iran* – mein mir bis heute fremdes Herkunftsland – im Bücherregal meines Vaters. Statt in Jugendzeitschriften wie der *Bravo* zu blättern, entwickelte ich durch die Arbeiten der Fotoagentur Magnum Photos ein großes Interesse für die Dokumentar- und Kriegsfotografie. Ich stieß auf die Arbeiten von Henri Cartier-Bresson, George Rodger, Robert Capa oder auch Sebastião

Salgados Bilderreihe von 1984 in der Sahelzone: ausgemergelte Körper von Kindern, Frauen und Männern, die Ungerechtigkeit der Welt – ich hier und die Menschen dort. Der Anblick dieser Bilder war ein leidvoller.

Doch Leid war nicht das Einzige, was ich fühlte. Es entstand auch Antrieb, eine Motivation, die ich vorher nicht kannte. Meine Faszination für die unterschiedlichen Zugänge, mit Leid umzugehen, wuchs. Sie führte mich in meinem Studium zur Resilienzforschung zu der Frage, welche Faktoren Menschen benötigen, um mit Leid umgehen zu können. Heute bin ich Psychotherapeutin und unterstütze Menschen dabei mit ihrem Leidensdruck umzugehen. Die Psychotherapie bietet einen Ort, an dem Menschen leiden dürfen, ohne verurteilt zu werden. Einen Ort, an dem ich ich sein darf und darüber eine neue Freiheit im Umgang mit Krisen gewinnen kann. Der (emotionale) Krieg war nicht mehr nur in den Bildern der Fotografen, die ich kannte, sondern nebenan.

Ich bin überzeugt davon, dass sich jeder Mensch am besten durch Leiderfahrungen selbst kennenlernen kann und selbstständig entscheiden muss, wie er oder sie emotionalen Schmerz individuell verarbeiten kann. Unsere Gefühle gehören nur uns selbst, und niemand anders kann uns unseren Schmerz nehmen – Leiden ist immer eine subjektive Angelegenheit.

In diesem Buch blicke ich daher aus drei Perspektiven meines Lebens auf das Thema Leid: Zuerst beleuchte ich aus psychotherapeutischer Sichtweise die Bedeutsamkeit und Freiheit individueller Leidverarbeitung der Menschen. Diesen Schutzraum des freien Leidens kannst du auch für dich etablieren. Daran anknüpfend schöpfe ich aus meinen persönlichen Leiderfahrungen und meinem frühen und großen Interesse an Kunst und Fotografie, von denen ich glaube, dass sie uns allen einen besseren Zugang zur Verarbeitung des Themas ermöglichen können. Drittens teile ich meine Beobachtungen der Gesellschaft im Umgang mit Leid, so wie wir ihn alle tagtäglich erleben und nachvollziehen können. Denn es ist dieser Umgang, den wir über unsere eigenen Handlungen verändern und ultimativ verbessern können.

Ich gehe sozusagen von innen nach außen vor: Als Erstes analysiere ich unsere kapitalistische und hochfunktionale Gesellschaft, die sozialen Netzwerke und die damit verbundenen Ratschläge und Anleitungen im gesellschaftlichen Miteinander, also im Wir-untereinander. Anschließend gehe ich auf den gesellschaftlichen Mythos Resilienz ein, führe wissenschaftliche Erkenntnisse zur Resilienz auf, die im Außen (d. h. in der Gesellschaft) fehlerhaft wiedergegeben werden.

Damit du Leid als einen Teil von uns betrachten kannst, nehme ich dich an die Hand. Im späteren Verlauf begleitest du mich in Interviews zur Leidverarbeitung. Diese habe ich mit verschiedenen resilienten Menschen wie Teresa Enke, Parastou Forouhar oder auch Dr. Christian Peter Dogs und anderen, die jeweils auf besondere Leiderfahrungen – aber auch besondere Bewältigungsstrategien – zurückblicken können, geführt. Über ihre Leidsituationen wie Suizid, Tod des eigenen Kindes, Mord der eigenen Eltern, Misshandlungserfahrungen und weitere gesellschaftlich tabuisierte Themen, nehme ich nicht nur ihre Bewältigungsstrategien in den Blick, sondern ich versuche auch, die Leidthemen, die uns Unbehagen bereiten, von ihrem Tabu zu befreien. Denn wie gesagt: Um Resilienz aufzubauen, dürfen wir die Auseinandersetzung mit Leid nicht scheuen.

Enttabuisieren bedeutet für mich nicht, ein Thema kurz anzuschneiden, sondern es in den Alltag zu integrieren und es umzusetzen. Einfach nur darüber sprechen reicht zum Enttabuisieren definitiv nicht aus. Mithilfe der Interviews möchte ich zeigen, dass auch das Undenkbarste und Unaussprechlichste bewältigt werden kann – und wie das in der Praxis gelingt. Denn Resilienz ist nicht plötzlich da, sondern ein lebenslanger Prozess. Im Ausblick findest du keine Tipps und Tricks im Umgang mit Leid – stattdessen versuche ich, dir einen Lichtstrahl im dunklen Tunnel zu geben. Ich möchte dir im Leidmoment helfen, du sein zu dürfen oder dich auch für spätere Leiderfahrungen zu wappnen.

Ich vertrete die These, dass hinter dem Druck des Leidens und der Entwicklung psychischer Erkrankungen die Unkenntnis über unsere eigenen Leiderfahrungen steckt. Dazu gehört auch das Bagatellisieren unserer sogenannten negativen Gefühle, wie zum Beispiel Trauer. Um dies zu verdeutlichen, werde ich auf unsere gesellschaftlichen Strukturen eingehen, die unbemerkt unsere Denkweise des »richtigen Leidens« beeinflussen. Mit diesem Buch möchte ich dieser gesellschaftlichen Argumentation des »Du leidest falsch« entgegentreten.[19] Denn diese schadet allen Menschen, die Leid erleben, nachhaltig. Und da wir alle früher oder später selbst betroffen sein werden, kann es nur in unserem eigenen Interesse sein, dieses Problem endlich von der Wurzel aus anzugehen!

Menschen sind nicht von Geburt an resilient.[20] Dass Resilienz im Handumdrehen antrainierbar und in »nur« einigen Schritten förderbar sei, ist ein kapitalistischer Mythos. Ist es nicht eine attraktive Vorstellung, man könnte sich frühzeitig für den Ernstfall, für Leid, vorbereiten oder auch mal über die Tiefe von menschlichen Lebenserfahrungen nachdenken? Nicht nur immer im »Happy Modus« sein? Wir bereiten uns schließlich auch auf Urlaube, Bewerbungsgespräche oder andere wichtige Ereignisse vor. Ich würde behaupten, dass wir gerne unsere Gefühle kontrollieren, da uns diese Kontrolle Glück verspricht. Bezüglich unserer Leiderfahrungen sollten wir jedoch nicht vergessen: diese können wir nicht kontrollieren. Wir können uns vorher kein Bild davon machen, was uns widerfahren wird und wie unsere Gefühle dabei aussehen werden. Was aber wichtiger für uns ist, ist zu wissen, dass resilient zu werden, ein langer, dynamischer und situationsabhängiger Prozess ist, der ein Leben lang andauern kann. Aus Leiderfahrungen können wir lernen und tatsächlich emotional stärker hervorgehen, weil wir uns näher kennenlernen. Wir sollten weniger die Leiderfahrungen als »Unglück« interpretieren, sondern wahrnehmen, dass es kein Leben ohne Leid gibt. Wenn wir also beginnen, realistisch auf das Konzept von Leiderfahrungen zu schauen, gewinnen wir Autonomie und Selbstwirksamkeit in unserer Beziehung zu unserem Glück.

So muss an dieser Stelle auch die heutige Westentaschenpsychologie in den sozialen Netzwerken erwähnt werden, die das Leid als Funktion für Fame und Follower ausschlachtet. Während ihr Erfolg auch als Hinweis auf die Suche nach der sehnlichen Erlösung begriffen werden kann, darf er nicht darüber hinwegtäuschen, dass Leid und Resilienz ein Kontinuum bilden. Ebenso möchte ich impulsgebend darauf aufmerksam machen, dass jeder seine eigene Leidkultur entwickeln kann, und dass gesunde Bewältigungsstrategien nicht einfach so plötzlich »da« sind, um mit den Leiderfahrungen umzugehen. Diese musst du manchmal erst für dich suchen.

Wir brauchen eine radikale Konfrontation mit dem, wie wir leben, wie wir uns von der Gesellschaft leiten lassen und mit dem Strom schwimmen. Mein Ziel ist es, eine neue Sichtweise auf Leid zu eröffnen und (retrospektiv) Schönheit im Leid finden zu können.

Denn – ich werde nicht müde davon, das zu betonen – ohne Leid gibt es keine Resilienz.

Liebe Leser*in, du brauchst keine gesellschaftliche Erlaubnis, zu leiden. Tief in dir drinnen, weißt du am besten, was du brauchst, um mit deinen Leiderfahrungen umzugehen. Also machen wir uns auf den Weg, unsere Scham abzulegen, Leiden zu enttabuisieren und unseren Umgang damit zu verbessern.

So wie der französische Philosoph Descartes
»cogito ergo sum«, also ›Ich denke, also bin ich‹,
anwendete, so übertrage ich es mit Leid:
Ich leide, also bin ich.

2

UNSERE GESELLSCHAFT SAGT: »BETÄUBE DEIN LEID«

Die Theorie lässt alles so leicht aussehen: Ein Schluck belebendes Zitronenwasser, Yoga und Meditation, ein bewusstes Essverhalten, den Wecker auf 5.00 Uhr stellen, um das meiste aus jedem Tag zu machen. Das sollen hilfreiche Tipps sein, um den Alltag zu gestalten. Heißt es zumindest häufig in den sozialen Netzwerken.

Routine ist gut und Struktur auch. Aber warum hypen wir seit Jahren derartigen »How I healed my pain«-Content, der uns diese Ratschläge als ultimative Wahrheiten, um uns von allerlei Leid zu befreien, verkaufen will? Tatsache ist, dass wir die Posts, Videos und Reels dieser Art wohl schlicht gerne anschauen, sonst würden sie nicht weiter produziert. Irgendetwas in uns muss heilen. Wir schauen diese Videos mit Wissbegierde – aber mit welchem Ziel?

Vermutlich sind wir so »lost« in unserem Leid, dass wir diese Anleitungen von außen brauchen, um unser bislang unbekanntes Gefühl der Schwere zu betäuben. Das ständig positive, ritualisierende und strukturierte Weitermachen ist Teil der heutigen

Pseudo-Heilkultur. Die »Think-positive«-Indoktrination, in der wir gefangen sind, ist für mich kaum auszuhalten.

Ich tendiere eher dazu, mich an realistischen und nahbaren Lebensgeschichten zu orientieren. Es sind die Menschen hinter diesen Erlebnissen und Erzählungen, deren Leid- und Lebenserfahrung, deren Leidverarbeitung und -offenbarung mich stärken und ermutigen, weiterzumachen.

Der Schriftsteller und Philosoph David Foster Wallace prägte mich nicht nur mit seinen Werken, sondern auch mit seiner Biografie. Er war aber auch alkoholabhängig und litt an einer schwergradigen Depression, sodass er 2008 sein Leben beendete. Wundert es dich, weshalb ein alkoholabhängiger und depressiver Mensch mich inspiriert, vor allem beruflich auch als Psychotherapeutin?

Das ist ganz einfach zu erklären, denn die Diagnosen und sogar seine eher dysfunktionalen Bewältigungsstrategien sagen für mich nicht viel über den Menschen aus, dem sie attestiert werden, aus. Denn hinter den Diagnosen steckt viel mehr: In den Interviews, die ich mir ansah, und in den Texten, die ich las, beeindruckte mich seine offene, ehrliche und intelligente Art und Weise, über seine Wunde, die Depression, in Austausch zu gehen. An Depressionen zu leiden ist für Betroffene sehr schwierig. Es ist eine psychische Erkrankung, die nicht nur unsere Gefühle sediert, sondern uns die Freude am Leben nimmt. Es ist für mich eine der schwerwiegendsten psychischen Erkrankungen, an denen Menschen leiden können. Zum einen lähmt die depressive Verstimmung die Betroffenen geradezu, zum anderen setzt unsere schnelllebige Gesellschaft sie unbewusst unter Druck, funktionieren zu müssen. Betroffene fühlen sich hierüber noch schlechter, da das Verständnis von außen oftmals nicht adäquat ist. Die eigene Verletzlichkeit in all seiner Ernsthaftigkeit zu zeigen – und zwar nicht als leichtverdauliche Posts in den sozialen Netzwerken –, braucht jede Menge Mut.

Wallace zeigte Mut, indem er versuchte, mithilfe verschiedener therapeutischer Unterstützungen gegen seine Depression vorzugehen, das inspiriert mich. Er hielt an seinen Zielen fest, schrieb seine Bücher und lehrte als Professor, um nur einige Beispiele zu nennen. Das ist nicht so einfach, wie es von außen aussieht. Ich habe viel mit Klient*innen gearbeitet, die an Depressionen litten und mir häufig sagten, dass es sowohl sehr schwierig für sie sei, die Depression an sich als auch ihrem Umfeld das eigene Empfinden der Depression zu beschreiben. Es ist ein innerer Kampf, den man mit sich und dem Umfeld austrägt. Es gibt vielleicht Worte, die das Krankheitsbild beschreiben können. Schwieriger wird es, wenn man versucht, *die* Depression zu beschreiben, weil diese sich je nach Persönlichkeitsstruktur unterschiedlich äußern kann.

Mit 22 Jahren schrieb Wallace einen Text für die Studentenzeitung *The Amherest Review* namens »The Planet Trillaphon«. Darin schreibt er von einem jungen depressiven Menschen, der aufgrund seiner Depression, der »üble[n] Sache« und der starken Medikamente, zum Planet Trillaphon geschickt wurde.[21] Auf dem Planeten Erde war kein Platz mehr für ihn. In dieser Erzählung beschreibt Wallace die Depression bildlich als eine Ganzkörper-Magen-Darm-Grippe, bei der der gesamte Körper wehtut und dir am gesamten Körper übel ist: »Du und die Übelkeit, ihr werdet ›eins‹, wie man so sagt«.[22]

Um seine eigene Depression in den Griff zu kriegen, probierte der Schriftsteller jahrelang mehrere Therapiearten aus: Psychotherapie, Psychopharmaka, Elektrokrampftherapie. All diese Versuche unternahm er in der Hoffnung, seine Depression heilen zu können. Diese Ikone der Wissenschaft und Literatur, als die ich Wallace sehe, verlor mit 46 Jahren den Kampf gegen seine Depression. Wallace kämpfte, bis er nicht mehr konnte. Dieser

Kampf, dieser Wille, die Depression immer wieder behandeln zu wollen, sich Hilfe zu suchen, inspirierte mich sehr. Das eigene Leid für sich anzunehmen, verarbeiten und integrieren zu lernen ist eine bedeutsame Ressource, die viel Mut voraussetzt. Von außen sieht alles häufig so einfach aus. Menschen nehmen Medikamente, gehen zur Therapie und damit hat sich's – dies ist aber nie wirklich der Fall. Alleine bis Antidepressiva einmal richtig auf einen selbst eingestellt sind, kann es mitunter ein langer und beschwerlicher Weg mit vielen schlaflosen Nächten sein, und auch für jede Therapie gilt: Es ist schon an sich *immer* sehr schwierig, ernsthaft an sich zu arbeiten, vor allem dann, wenn man an einer schwergradigen Depression leidet.

Wie wir unser schlechtes Verhältnis zu Leid erlernen

Wallaces weltberühmter Vortrag »Fish in the water« aus dem Jahr 2005, den er vor den Absolvent*innen des Kenyon College in Ohio hielt, ist für mich bis heute ein passgenaues Bildnis der Themen Leid und Gesellschaft. Wallace eröffnet seine Ansprache mit einer Parabel über zwei junge Fische im Wasser, die von einem älteren Fisch nach der Temperatur des Wassers gefragt werden. »How is the water?«, fragt der ältere Fisch. »What the hell is water?«, erwidern die jungen Fische.[23] Ebenso könnte man den Umgang unserer Gesellschaft mit den eigenen Leiderfahrungen so darstellen. Ich frage dich: »Wie empfindest du das Leiden um dich herum?« Und du antwortest verdutzt: »Was ist Leid?«

Leid ist im gesellschaftlichen Rahmen ein blinder Fleck. Einerseits wissen wir, dass wir alle leiden oder leiden werden, dennoch ist die individuelle Leiderfahrung zu oft ein gesellschaftlich verstecktes Thema. Wir haben das »Leid-geh-weg«-Krankheitsbild, das stetig zu einem rationalen und hochfunktionalen Konstrukt aus Überwachung und Kontrolle heranwächst. Überwachung und Kontrolle erfahren wir vor allem über die Institutionen, in denen wir groß werden.

Denken wir an die Schule als Sozialisationsinstanz, die neben der Bildungsfunktion auch unser Leistungsverhalten optimieren möchte. Die Schule als Institution wird auch von außen gelenkt, unter anderem durch die machtvolle Gesellschaftsordnung des Kapitalismus. Die Funktion des Kapitalismus ist es, dass wir funktionieren, besser, schneller und stärker werden. Dabei gibt es keinen Platz für unsere Gefühle – sie stehen hier im Weg.

Dem Sozialphilosophen Michel Foucault zufolge leben wir institutionell, beispielsweise in Psychiatrien, Gefängnissen oder auch Schulen, in einem *Panopticon.*[24] Das Panopticon, oder auch das panoptische Gefängnis, ist ein Architekturkonzept, das auf den englischen Philosophen und Sozialreformer Jeremy Bentham zurückgeht. Es handelt sich dabei um ein Gefängnismodell, das architektonisch so gestaltet ist, dass Wärter die Insassen aus ihrer Position rund um die Uhr überwachen und kontrollieren können, ohne dass die Insassen wissen, ob und wann sie beobachtet werden. Das ständige Gefühl der Überwachung wirkt disziplinierend, sodass ein Ordnungsprinzip etabliert werden kann, das die Wirkung von Überwachung und Kontrolle entfaltet, ohne dass diese allzeit durch die Wärter vollstreckt wird.[25] Foucault griff jenes panoptische Prinzip auf, um zu zeigen, dass diese Machtdynamik in gesellschaftlichen Konstruktionen nicht etwa auf das Gefängnismodell beschränkt ist, sondern auch in anderen Institutionen wie beispielsweise der Psychiatrie oder Schule über Disziplinierung und Überwachung wirkt.

Mit Blick auf das Thema dieses Buches sehe ich einen weiteren Bereich, auf den sich die Wirkmechanismen eines Panopticons übertragen lassen: unseren Umgang mit Leid. Das menschliche Leiden wird von den Menschen, die uns umgeben, kontrolliert, überwacht und vor allem bagatellisiert. Das panoptische Prinzip, das uns umgibt, ist auch hierbei institutionell geprägt:

Mit Eintritt in den Kindergarten erlernen wir einen sittenhaften, gesellschaftlich akzeptierten Umgang mit unseren Gefühlen. Wir bringen Kindern früh Regeln bei, um mit ihren Gefühlen umzugehen. Dies geschieht etwa in Streitsituationen, die für Kinder in Ersterfahrungen sehr belastend sein können. Eine Streitsituation wird häufig pädagogisch »heruntergespielt«, indem die Kinder aufgefordert werden, sich zu entschuldigen und »lieb« zueinander zu sein. Der Streit, die Wut oder die Trauer des Kindes werden dabei nicht genügend thematisiert oder ernst genommen. Doch hierüber erfahren Kinder meiner Meinung nach viel zu wenig Validierung, sie werden stattdessen in ihrer Gefühlswelt beeinträchtigt und lernen dabei, ihre Gefühle selbst zu unterdrücken. Ein Spruch wie »Mach nicht so ein Theater« ist eine Aufforderung, die Gefühle über Bagatellisierung zu kontrollieren.

Weiter geht es in der Grundschule, wo wir zum ersten Mal mit Leistungsansprüchen überfordert werden. Noten und Regeln bestimmen den Alltag der Grundschüler*innen, wobei auch Regeln im Spiel eingehalten werden müssen. Die Überforderung in der Schule, das erste Mal Schreiben oder Rechnen lernen, kann ein Kind tatsächlich emotional stark überfordern. In der Schule beginnt das kapitalistische Leistungsprinzip nach dem Motto: Hast du gute Noten, darfst du dich gut fühlen. Hast du schlechte Noten, musst du dich schlecht fühlen. Die benoteten Leistungen werden dabei nicht als Momentaufnahme für die Schüler*innen ausgewiesen, sondern als Ausdruck ihrer Fähigkeiten und ihres Charakters propagiert. Auch die Gefühle werden in der Grundschule von der Institution abhängig gemacht. In der späteren Schullaufbahn, insbesondere im Jugendalter, kommen noch mehr Hürden auf uns zu: gute Noten schreiben, Freundschaften pflegen, cool sein und Beziehungen pflegen.

Im Erwachsenenalter angekommen, sind wir dann oftmals überfordert, unsere Gefühle einzuordnen, da wir es nie richtig gelernt haben, dass die vermeintlich negativen Gefühle wie Wut, Trauer und Scham uns daran hindern, mehr zu leisten. Institutionell bedingt darf nicht lange gelitten werden, da es Zeit raubt. Kostbare Zeit. Die Zeit, die uns bleibt, um zu funktionieren und zu leisten. Im Zuge dessen steht nach der Schulzeit viel mehr Selbstoptimierung und Leistungsverhalten im Mittelpunkt unseres Alltags. Wir lernen, dass glückliche Gefühle uns antreiben und helfen, eine gesellschaftliche Akzeptanz zu finden. Es ist, als gäbe es da eine Art unausgesprochenes Gebot, immer und unter allen Umständen glücklich zu sein, an das wir uns alle zu halten haben – wer nicht glücklich ist, hat schon verloren.

Um den Kapitalismus anzutreiben, müssen wir stark sein und funktionieren. Die Kapitalismusmaschinerie macht uns zu Stehaufmännchen. Zahlreiche Bücher über emotionale Stärke werden publiziert: »Wie du am schnellsten heilen kannst«, »Wie du dich um dein inneres Kind kümmern kannst«, »Wie du stärker mit widrigen Situationen umgehen kannst« und viele weitere Mutmacher, die uns mit Anleitungen zum Starksein versorgen. Sich Ratschläge aus diesen Büchern zu holen, um einen besseren Umgang mit den eigenen Problemen zu finden, halte ich für gesund. Dagegen empfinde ich die gesellschaftliche Überproduktion von Büchern, die uns Tipps zur Heilung geben, als unglücklich. Wir gehen automatisch davon aus, dass wir versagen, wenn die Anweisung zur Heilung bei uns nicht funktioniert.

Wir lernen früh, dass Leid nicht zu uns gehören darf. Wer leidet, fühlt sich schwach, und Schwäche wird in unserer Gesellschaft nicht geduldet. Bin ich schwach, kann ich meine Arbeit und mein Umfeld nicht mehr so unterhalten wie als starker und damit glücklicher Mensch. Ich büße meine gesellschaftliche Funktion als Individuum ein, komme meiner Verantwortung nicht nach.

Das Gefühl der Schwäche kommt aber nicht von uns selbst. Wir haben einfach nicht gelernt, adäquat damit umzugehen, da uns gesellschaftlich eine Leidkultur fehlt. Wie soll ich etwas lernen, wenn keiner darüber spricht? Heute verstecken wir uns hinter einer Fassade augenscheinlich glücklicher Emotionen oder auch damit verbundener Aktivitäten wie beispielsweise viel Sport, durchgehend gesunde Ernährung und/oder dem langen Aufhalten in den sozialen Netzwerken, um unser Leid zu sedieren. Aspekte wie »Gesundheit« und »Healing« sind längst zu Accessoires unserer Gesellschaft geworden. Wir streben nach Heilung und kontrollieren das eigene Leiden genauso wie das der anderen mit dem Ziel, weiterhin zu funktionieren. Wir wollen nur glücklich sein – aber niemals schwach.

2023 titelt das Männermagazin *GQ* verheißungsvoll: »Glücklich werden: Wie man dank eines Tricks sein Gehirn hackt, um glücklicher zu sein, laut Wissenschaft«.[26] Im selben Jahr fragt der Stern unter der Rubrik »Gesundheit«: »Wie werde ich glücklich(er)? Laut Wissenschaft mit diesen 14 Gewohnheiten«.[27] Schlagzeilen wie diese vermitteln einen Eindruck davon, wie groß der gesellschaftliche Druck ist, immer im Happy-Modus zu bleiben. Menschen lesen diese Schlagzeilen und informieren sich darüber, wie sie ein glücklicheres Leben leben können, aber niemals darüber, dass man auch unglücklich sein darf.

Natürlich ist niemand gerne unglücklich – aber es gehört doch zum Leben dazu. Müssen wir denn wirklich immer ausschließlich glücklich sein? Dürfen wir kein Unglück empfinden? Diese Pseudo-Happiness ist ein Ausdruck von Realitätsflucht, denn jedes Leben hat hohe und tiefe Phasen. Ein Zitat aus der Kultserie *Friends* erinnert mich sehr an das Glücklichkeitsgebot unserer Gesellschaft: In dieser Episode führt Chandler Bing eine emotionale Diskussion mit Kathy, für die er Gefühle hat, die jedoch gleichzeitig mit seinem Freund Joey liiert ist. Chandler schließt das Gespräch mit ihr mit der folgenden, nicht ganz unironischen Frage ab: »We swallow our feelings, even if it means we're unhappy forever. Sound good?«[28]

Klingt das für dich auch gut?

MYTHOS RESILIENZ: WIR DENKEN ZU SEHR IN SCHUBLADEN

Vorurteile halten unsere gesellschaftlichen Schubladen, unser Schwarz-Weiß-Denken aufrecht und treiben uns an, zu funktionieren – sie übernehmen das eigenständige Denken. Ein Vorurteil ist eine gesellschaftlich verankerte Angewohnheit, die seit Jahrhunderten besteht. Beispiel psychische Krankheiten: Wir denken zwar naiverweise, unsere Gesellschaft sei im Umgang mit psychischen Krankheiten stigmafrei, doch gilt das mittlerweile nur für die Erkrankungen, die man uns nicht ansieht.

Depression ist eine nicht direkt sichtbare psychische Erkrankung, die derzeit gefühlt überall Gesprächsthema ist. Sichtbare psychische Krankheiten, wie zum Beispiel eine Schizophrenie, die sich über psychotische Symptome, beispielsweise Halluzinationen oder Wahnvorstellungen, bemerkbar machen kann, werden dagegen weniger präsent gemacht. Ich erkläre es mir damit, dass wir nur Dinge gesellschaftlich enttabuisieren, die in unser Kollektivdenken passen.

Eine Person mit Halluzinationen passt nicht in unser Kollektivdenken, stattdessen löst sie bei uns unbegründete Ängste aus. Haben wir nicht irgendwann in irgendeinem Film wie zum Beispiel *A Beautiful Mind* oder *Shutter Island* gelernt, dass Halluzinationen uns Angst machen sollen? Gehören diese Dinge nicht sogar in eine »Serienkiller«-Kategorie? – Nein. Wenn wir in diesen Kategorien denken, halten wir nur unsere Vorurteile aufrecht, da eine Schizophrenie im wahren Leben niemals eins zu eins den gängigen Darstellungen aus Film und Fernsehen gleicht. Kategorisierungen und Schubladendenken vereinfachen unser Denken. Schublade auf und zu! In Wirklichkeit fehlt uns einfach das Wissen, eine Wahrnehmungssensibilität, dass Schizophrenie nicht beängstigend ist.

Demselben Prozedere folgen wir beim Leiderleben. Uns fehlt eine Wahrnehmungssensibilität im Umgang damit, weil wir nicht wissen, wie wir in leidvollen Situationen zu fühlen, zu reagieren oder zu handeln haben. Wenn wir Kategorien des »Du darfst leiden« und »Du darfst nicht leiden« aufstellen, vereinfachen wir unser Denken. Wir stecken die leidende Person in eine Schublade und machen es uns selbst dadurch einfacher. Schubladendenken ist emotional aushaltbar, da wir uns mit dem Leid der betroffenen Person nicht ausführlich auseinandersetzen müssen.

Diese Kategorisierung von Leiderfahrungen haben wahrscheinlich viele von uns schon an eigenen zwischenmenschlichen Erfahrungen erlebt. Auch mir fiel das Phänomen zunächst in meinem Umfeld auf, die mitunter weitreichenden psychologischen Implikationen dahinter erkannte ich aber vor allem durch meine Bachelorarbeit. Ich hatte das Thema Resilienz aufgegriffen und wollte ihre Chancen und Grenzen anhand zweier Interviews mit Exiliranerinnen aufzeigen, die vor 1979 nach Deutschland geflohen waren. Mich beschäftigte die Frage, ob und wie Menschen dieselbe (politische) Situation unterschiedlich verarbeiten können.

Das Ergebnis meiner Interviews zeigte, dass Resilienz situationsabhängig und je nach Vorerfahrung mit Leidumgang in der Verarbeitung variieren kann. Die erste Probandin, die schon früh im Kindesalter mit Leidenssituationen konfrontiert wurde, nutzte ihr Leid nach der Revolution in Deutschland, lernte die Sprache, baute sich ein Leben auf und studierte Medizin. Die zweite Probandin, die vor ihrer Flucht aus dem Iran kaum Berührungspunkte mit Leiderfahrungen hatte, konnte ihr Leid nicht produktiv und damit selbstbestimmt nutzen. Sie trauerte jahrelang ihrer Heimat nach und nutzte ihre Ressourcen nicht, um sich ein neues Leben in Deutschland aufzubauen.

Beide Frauen hatten dieselbe Herkunft, doch pflegten sie einen unterschiedlichen Umgang mit ihrem Leid. Eines fiel mir damals auf: Vor dem Hintergrund der positiven Leidverarbeitung meiner ersten Probandin hatte ich einen anderen Anspruch an die zweite Probandin entwickelt. Ich hatte mich gefragt: Wieso leidet die zweite Probandin *noch*? Ich merkte, dass ich die zwei Beispiele der Leidverarbeitung automatisch verglichen hatte und dass ich diese kategorisierte. Obwohl ich mich selbst immer so an diesen Denkmustern unserer Gesellschaft störte, war ich ihnen selbst auf den Leim gegangen. Warum hatte ich unbewusst die Leidverarbeitung beider Frauen kategorisiert? Das gab mir zu denken.

Auf meiner Suche nach Antworten erinnerte ich mich an das literarische Meisterwerk der Schriftstellerin Susan Sontag: *Krankheit als Metapher – Aids und seine Metaphern.* Sie geht in diesem Werk unter anderem auf das Kategorisieren und Vergleichen der Krankheiten Krebs und Aids ein und arbeitet heraus, dass Aids auf viel mehr gesellschaftliche Ablehnung stößt, als Krebs. Sie beschreibt dabei auch Differenzen im Leid anhand der unterschiedlichen Wahrnehmung beider Krankheiten: »Bei Aids empfindet man nicht Scham, sondern die Zumutung einer Schuld, und der Skandal ist alles andere als heimlich.«[29]

Die Schuld, an Aids zu erkranken, liegt in der Anschauung unter anderem darin begründet, dass wir früh lernen, die Erkrankung mit der moralisierenden Kategorie »selbst schuld« zu verbinden. Das unzureichende Wissen darüber, dass Aids nicht ausschließlich über Sex und Drogenkonsum, zum Beispiel über das Teilen von Spritzbesteck, übertragbar ist, führt zum Schuldgedanken. Da man das Anstecken mit dem HI-Virus als selbstverschuldet erachtet, wird diese leidvolle Erfahrung tabuisiert. Infolgedessen dürfen Betroffene auch nicht offen leiden, weil man die Erkrankung als Konsequenz ihrer vermeintlich unsittlichen Lebensführung erachtet. Aids gehört demnach in die Kategorie »Du darfst nicht emotional leiden«. Krebs dagegen erregt weniger Schuldzuweisungen, sondern viel (Mit-)Leid.

Das gesellschaftlich festgeschriebene Kategorisieren von Leid bringt die Betroffenen dazu, nicht leiden zu dürfen beziehungsweise sich schuldig fühlen zu müssen, wenn sie leiden. Menschen, die an einer Krebserkrankung leiden, erfahren mehr Zuwendung als Ablehnung. Krebs passt zum Kollektivdenken, Aids dagegen nicht. Obwohl man sagen könnte: Krank ist krank – wer stellt hier Hierarchien auf? Und wer erlaubt uns, derartige Stigmatisierungen weiterzutragen?

Dasselbe kategoriale Prinzip erkenne ich bei Trennungen, Verlusterfahrungen und weiteren zwischenmenschlichen Erlebnissen, die uns Leid bereiten können. Vergleichen wir die Leiderfahrung einer Person, die eine Trennung durchlebt, mit der Erfahrung einer Person, die finanzielle Probleme hat. Beide Erfahrungen sind leidvoll und damit im Kern vergleichbar, werden aber von der Gesellschaft unterschiedlich priorisiert und automatisch kategorisiert. Dir als betroffener Person wird kommuniziert, dass dein Zustand sich verändern muss, da du deinen Leidenszustand verändern kannst. Von »Du darfst leiden« geht es schnell zum »Du darfst nicht mehr leiden«, da man ja Trennung aufarbeiten und eine neue Arbeit finden kann.

Weshalb benötigen wir Kategorien, vor allem in Leidfragen? Zum einen müssen die Leiderfahrungen und -verarbeitungen zum Kollektivschicksal – dem Schicksal, das viele ereilt – passen und nachvollziehbar sein. Wenn eine Person eine Leidenssituation positiv bewältigt, erwarten wir automatisch, dass alle es so schaffen und machen. Ein Thema wie Trennung, welches Kollektivschicksal ist, darf nicht lange Raum für Leid erhalten, da man ja irgendwann wieder herauskommt. Man überlebt es! Es wird aber nicht berücksichtigt, dass je nach Person, Persönlichkeitsmerkmalen, Tiefe der Beziehungsgestaltung, Vorerfahrungen mit Beziehungen usw. ein Individualschicksal nicht dem des Kollektivs gleichzusetzen ist. So erklärte ich mir damals im Fall der beiden Exil-Iranerinnen, dass eine positive Leidverarbeitung auch auf die zweite Person zutreffen muss, die sich in derselben Situation befand. Wenn sie es geschafft hat, warum nicht die andere? Das Individualschicksal muss als Kollektivschicksal gelten können. Wenn viele sich darauf einigen können, dass den Einzelnen etwas Schreckliches passiert, dürfen diese auch leiden. Kann das Kollektiv den Leidenszustand nicht nachvollziehen, so wird es problematisch.

Und noch aus einem zweiten Grund benötigen wir die Leidkategorien: Wir müssen uns selbst vor dem Leid der betroffenen Person schützen, da wir nicht gelernt haben, mit individuellen Schicksalsschlägen umzugehen. Wenn wir die Leidenserfahrung oder auch die Leidverarbeitung nicht kennen, müssen wir uns umso dringender davor schützen.

Ich versuche es mit einem Beispiel aus meiner praktischen Tätigkeit in der Psychotherapie: So habe ich einmal einen Fall erlebt, bei dem nach dem Tod eines geliebten Menschen die Trauernde nicht an der Beerdigung teilnehmen wollte und es auch grundsätzlich ablehnte, schwarze Kleidung zu tragen (ihre Wahl fiel stattdessen auf Grün, da dies die Lieblingsfarbe des Verstorbenen war). In den ersten Wochen nach dem Verlust ging sie wie gehabt ihrem Alltag nach, trieb Sport, ging aus und unternahm viel. Sie versuchte, ihren Schmerz auf ihre Art zu verarbeiten. Diese Entscheidung führte jedoch zunächst zu größeren Diskussionen, Unverständnis und schließlich sogar Verärgerung im engeren Familien- und Bekanntenkreis. Im Nachhinein stellte sich heraus, dass es einfach eine Weile dauerte, bis sich die Bereitschaft zu leiden einstellte. Ihre Familie und auch einige der gemeinsamen Freund*innen hatten sich jedoch in der Zwischenzeit von ihr abgewandt, da sie in ihren Augen nicht korrekt litt und ihr Leid nicht auf die Weise verarbeitete, die sie als passend erachteten. Auch wenn sie für sich eine erfolgreiche Strategie in dem Moment gefunden hatte, um ihr Leid individuell zu verdauen, tat sich ihr Umfeld schwer, das zu akzeptieren. Sie selbst empfand es als sehr belastend, dass sie ihren Verlust nicht so erleben und verarbeiten konnte, wie sie es gerne gewollt hätte.

Die Reaktion des Umfelds war nicht böswillig, jedoch passte die Art und Weise, wie sie den Tod verarbeiten wollte, nicht zum kollektiven Denken. In meiner gesamten beruflichen und privaten Laufbahn habe ich häufig erlebt, dass bei Verlusten ein gewisser Druck von außen vorhanden war. Dabei ist es jedoch völlig menschlich, dass nicht jeder direkt alle Phasen der Trauerbewältigung durchläuft – und das ist auch in Ordnung so. Die individuelle Bewältigungsstrategie im Umgang mit Verlusterfahrungen ist in weiten Teilen unserer Gesellschaft noch unbekannt.

Für eine neue Leidkultur

Resilienz ist eines der großen Schlagworte der letzten Jahre. Sie verspricht die »mentale Stärke«, unser Leben trotz aller Widrigkeiten selbst in die Hand zu nehmen, uns dazu zu befähigen und darin zu stärken, uns gegen alle Rückschläge aufzulehnen und über Hürden hinwegzusetzen. Stärkende Begriffe wie Resilienz passen in den Zeitgeist und sind in den sozialen Medien entsprechend allgegenwärtig. Wir streben kollektiv nach stärkenden Tipps und Tricks, um unseren Alltag kontinuierlich zu verbessern. Und per se ist das auch zunächst einmal etwas durchaus Positives, könnte man argumentieren. Jedoch befördert diese pauschalisierende Verwendung stärkender Begriffe auch eine zunehmende Kategorisierung in unserer Gesellschaft. Denn im Umgang mit Leiderfahrungen kann die vermeintlich positive Seite des Resilienzbegriffs auch schnell ins Gegenteil umschlagen: Einerseits soll Resilienz gefördert werden, andererseits soll beziehungsweise darf nicht gelitten werden – ein Widerspruch, denn wie gesagt, gibt es keine Resilienz ohne Leiderfahrungen. Das mediale Interesse an der Resilienzförderung ist so groß, dass längst ein florierendes Geschäft daraus entstanden ist: »Stressbewältigung am Arbeitsplatz – so aktivieren Sie den Resilienz-

Booster« und ähnliche Formulierungen begegnen einem heute häufig in den Medien.[30]

Unsere moderne Gesellschaft lebt für Pseudostärke. Zahlreiche Resilienz-Selbsttests im Internet versprechen, Resilienz ermitteln zu können. Ich distanziere mich von Selbsttests und vor allem dem ständigen Drang der Menschen, auf diese Weise herausfinden zu wollen, ob sie resilient sind. Dass diese Selbsttests von unterschiedlichen Plattformen wie Krankenkassen oder Lifestyle-Blogs mit vermutlich unterschiedlichen Motivationen zur Verfügung gestellt werden, zeigt zweierlei: Erstens treffen auf dem Feld der Resilienz unterschiedliche Interessen aufeinander, zweitens zeigt die Vielfalt der Angebote, dass Resilienz in unserer Gesellschaft als unerlässliche Qualität erachtet wird.

Im Rahmen eines stetigen Selbstoptimierungswahns erscheint es notwendig, ebenfalls über emotionale beziehungsweise psychologische Widerstandsfähigkeit zu verfügen. Resilienzförderung ist sogar institutioneller Bestandteil: Viele Studien zur Umsetzung von Resilienzförderung werden an Schulen durchgeführt. Am Arbeitsplatz gibt es Coachings zu einem resilienteren Umgang mit Arbeitsstress. Dass Resilienz im Privatleben nicht fehlen darf, erklärt sich vermutlich von selbst. Allerdings werden wir so oft und in so unterschiedlichen Kontexten mit dem Resilienzkonzept konfrontiert, dass wir kaum fassen können, was damit genau gemeint ist.

Das ist kein Wunder. Wenn wissenschaftliche Begriffe in der Gesellschaft etabliert und infolgedessen salonfähig werden, hat es immer eine Funktion: Wissenschaftliche Konzepte werden massenkompatibel gemacht und damit für den kapitalistischen Markt verwertbar. Die Nutzung wissenschaftlicher Begriffe in unserem Alltag fördert unter anderem den kapitalistischen Ansatz, funktionieren zu müssen. Uns werden medial Geschichten der Selbstheilung, der Resilienzentwicklung und der modernen Medizin im Umgang mit Leid erzählt, damit wir weiterhin für uns und für andere funktionieren.

Dies ist kritisch zu betrachten: Die Ergebnisse jahrelanger Studien zur Resilienz geben das Konzept nur undifferenziert wieder, damit einhergehend wird Resilienz fehlerhaft definiert und beeinflusst somit auch die Denkweise von Menschen. Das Ergebnis sind Auffassungen wie die, resiliente Menschen seien immer Stehaufmännchen. Solche und viele weitere Resilienzmythen gewinnen immer mehr Zuwachs im öffentlichen Diskurs. Sie lenken die Resilienzforschung nicht nur in eine falsche Richtung, sondern senden Signale an die Gesellschaft, dass man nicht verletzlich sein, nicht leiden darf. Schwachsein wird mit einer gekünstelten Stärke retuschiert. Dabei bildet vor allem das Schwachsein, das Leiden, einen Umgang mit widrigen Situationen, dessen es bedarf, um Resilienz entwickeln zu können.

Kaum einer schreibt über die Bedeutsamkeit von Leid in unserem Leben – stattdessen lese ich vermehrt, wie man es beheben oder heilen kann, statt ihm entgegenzutreten. Aber solange man nicht thematisiert, dass es unsere Leidkultur ist, die wir verändern müssen, verkaufen sich weiterhin Bücher, die das Leid versorgen.

Ich erinnere mich an eine eigene vulnerable Situation vor meiner Bachelorarbeit. Neben Uni- und Arbeitsstress litt ich an der Erkrankung meiner Mutter. Ich konnte die Gefühle während dieser Zeit nicht einordnen. Mir war aber bewusst, dass ich litt. Sehr lange hielt ich an meinem ohnmächtigen Schmerz und meiner emotionalen Überforderung fest, da ich nicht lange leiden durfte und funktionieren musste. Ich lebte in den Tag hinein und hoffte, dass irgendwann die Zeit kommen würde, in der meine Wunde geheilt war. Sehr genau erinnere ich mich heute an die Reaktionen meines Umfelds, das schnell von mir und meiner Leidenserfahrung genug hatte.

Zu lange leiden bedeutete, zu lange klammern. Mein Leid wurde kategorisiert. Zwar sagte es mir niemand ins Gesicht, jedoch waren die Zusprüche »Konzentrier dich auf dich« oder »Alles wird gut« sehr hart für mich. Mein Leid bekam keinen Raum. Ich fühlte mich nicht nur schlecht, weil meine Mutter erkrankt war, sondern auch, weil ich zu lange litt. Mein Umfeld gab mir unbewusst das Gefühl, nicht mehr leiden zu dürfen. Erinnern wir uns noch einmal an das Resilienzgebot, ergibt das auch Sinn: Immer wieder über dasselbe Problem zu sprechen würde den Eindruck vermitteln, dass man sich der Heilung verweigert – das kann man doch nicht wirklich wollen, oder?

Heute verbinde ich mein damaliges Gefühl sehr stark mit dem interessanten Kurzessay über die »Palliativgesellschaft« des Philosophen Byung-Chul Han (2020). Demnach konfrontiert uns die neoliberale Strömung mit dem Resilienzkonzept, um uns zu stärkeren »Leistungssubjekten« zu formen.[31] Der Kapitalismus klopft an. Das Attribut »stark« ist – das überrascht sicher niemanden – wünschenswert, da es als Ausdruck menschlicher Qualität und Größe erachtet wird. »Schwach« ist im Umkehrschluss ein Attribut, das Menschen einer vermeintlichen Randgruppe zugeschrieben wird.

Das wissenschaftlich-gesellschaftliche Konzept zur Resilienz soll uns stärker machen, so auch Byung-Chul Han. Von dieser Stärke profitieren nicht nur wir, sondern auch alle um uns herum. In dieser Überlegung wird Stärke mit Leistung gleichgesetzt, und das Erbringen von Leistung wird im neoliberalen System als Fundament eines glücklichen Lebens erachtet. Die Schwäche beziehungsweise das Schwachsein, so meine Ansicht, muss infolgedessen tabuisiert werden.

Resilienz wird heute in allen Berufsgruppen thematisiert. Es ist ein Trendwort, das uns nicht stärker macht oder wissenschaftlich aufklärt, sondern uns befähigt, nicht zu fühlen.[32] Statt zu verändern, wie wir arbeiten, lassen wir Menschen glauben, es sei ihre Verantwortung, mit dem Stress des Berufs zurechtzukommen. Gelingt es ihnen nicht, sind sie »wohl einfach zu schwach«. Die mittlerweile ausgewachsene Resilienzindustrie hält nicht nur Mythen aufrecht – wie den Glauben daran, dass Resilienz antrainierbar sei –, sondern vertuscht unser reales Leben und unsere realen Leiderfahrungen.

DIE ZEIT HEILT KEINE WUNDEN, SONDERN DU!

Wie häufig haben wir alle schon den Satz »Die Zeit heilt alle Wunden« gehört? Der Ausspruch ist gesellschaftlich so verankert, dass es Songs gibt die so heißen, er ist Filmtitel, Kalenderspruch, auf Yogi-Tea-Etiketten und sogar auf Lebkuchenherzen kann man ihn lesen. Doch es tut mir leid, wenn ich dich enttäuschen muss: Mit Blick auf Leiderfahrungen ist der Spruch völliger Unsinn. Ich habe den Satz immer schon abgelehnt. Mich macht es manchmal sogar wütend, wenn man mir in einer schwierigen Phase diesen Spruch auftischt. Er terminiert von Anfang an die Berechtigung des Schmerzes, und selbst wenn die emotionale Wunde irgendwann heilt, hinterlässt sie je nach Wunde und Verlauf des Heilungsprozesses trotzdem Narben. Wie soll denn die Zeit meine Wunden heilen, wenn ich nicht den emotionalen Schmerz fühle und darüber reflektiere? Dafür braucht man in der Tat viel Zeit, aber Zeit allein heilt nicht, sondern integriert die Wunde. Ich heile die Wunde mit der Zeit, die variabel an mir vorbeizieht.

Das Überwinden von Leid wird mit Zeit verbunden. Nach einer gewissen Zeit erwarten wir, dass die emotionale Wunde geheilt ist. Wir fühlen uns schlecht, wenn wir nach einem längeren Zeitraum immer noch wegen der Erfahrung leiden. Aber auch Zeit kann keine Wunderheilung vollziehen, da einige Wunden Spuren hinterlassen, die immer ein Teil von uns bleiben werden.

Die Netflix- Dokumentation »The Deepest Breath« (2023) porträtiert das Leben der Free Diver Alessia Zecchini und Stephen Keenan. Bis zum tragischen Tod Keenans verband die beiden nicht nur die Liebe zueinander, sondern vor allem die Leidenschaft für den Ozean und das Freitauchen. Die Dokumentation zeigt mit eindrucksvollen Bildern, wie Keenan bei dem Versucht stirbt, Alessia Zecchini bei einem scheinbar missglückten Tauchgang zu helfen. Er gibt sein Leben für ihres. Gegen Ende der Dokumentation erklärt der Vater Zecchinis: »Ein solcher Schmerz bleibt. Das Leben geht weiter, aber die Wunde wird nie verheilen.«[33]

Im Oktober 2023 traf ich Alessia Zecchini in Rom, um Näheres über ihre Leidverarbeitung zu erfahren. Ich fragte sie nach ihren vulnerablen Lebensphasen, da sie mich mit ihrer resilienten Haltung immer schon inspiriert hatte. Sie erzählte mir, dass ihre Bewältigungsstrategie, das Free Diving, ihr sehr half, ihre Leiderfahrung in ihren Alltag zu integrieren. Über diesen Schmerz konnte sie neuen Herausforderungen beim Free Diving begegnen und gewann zahlreiche Contests. Sie tauchte buchstäblich ab in ihren Schmerz. Ihr emotionaler Schmerz gab ihr Mut, tiefer und tiefer zu tauchen, das Unmögliche möglich zu machen. Alessia Zecchini erreichte damit später den beeindruckenden Rekord von 123 Metern.

Die Verarbeitung von Leid wird immer ein Teil von uns bleiben. Es ist ein lebenslanger Prozess, der integriert, aber nicht retuschiert werden kann. Du wirst das Gefühl nie vergessen, wie es dich am ganzen Körper berührt hat, wie es dich ohnmächtig gemacht hat, doch wird es durch deine eigene Arbeit mit der Zeit weniger. Es fühlt sich leichter an, da du lernst, die Wunde(n) zu versorgen und damit Heilung zu ermöglichen.

Wir können leidvolle Erfahrungen nicht vergessen oder aus unserem Gedächtnis löschen. Wir leben mit ihnen weiter und lernen hierüber eine Akzeptanz. Irgendwann wird es nicht mehr so leidvoll bleiben wie am Anfang. Dieses Gefühl wird dich dann nicht mehr einschränken, sondern dir wachsen helfen. Somit muss eine leidvolle Erfahrung – obwohl es sich zunächst so anfühlen kann – nicht das Ende des Erfolgs, der Freude, des Lebens bedeuten. Vielmehr vermag Leid auch das Unmögliche möglich zu machen, wenn du es möchtest. Das Leid packt dich, rüttelt dich und hinterlässt ein einziges Chaos, aber dieses Chaos kann dir die Chance geben, dich und dein Leben neu zu errichten.

Ich habe mich oft gefragt, wie es kommt, dass wir so eine Angst vor negativen Gefühlen haben. Besonders, da wir doch lernen, dass nur genug Zeit vergehen muss, um jedes Leid annehmbar zu machen. Introspektion (d. h. sich selbst und die eigenen Erfahrungen zu hinterfragen) wird uns nicht beigebracht. Die Tabuisierung von negativ besetzten Emotionen wie Trauer oder Angst hingegen lernen wir bereits im Kindesalter. Wir lernen, mit einem Selbststigma zu leben. Das Umfeld, vor allem die schnelllebige Gesellschaft, verbietet uns, Leidgefühle zu empfinden.

Spätestens mit Eintritt in die panoptische Institution Schule formen wir uns und andere zu leidfreien und leistungsorientierten Subjekten. Leid nimmt Zeit in Anspruch, und der Kapitalismus nährt sich nicht über Zeit, sondern über Leistung. Leiden stört die Leistung, daher dürfen wir es nicht. Funktionieren und

Weitermachen hält das »Hamsterrad des Leistens« in unserer Gesellschaft in Bewegung. Weitermachen und Vergessen lautet hier die Devise. Zeit, in der wir nicht funktionieren, verbinden wir leider allzu schnell mit Schamgefühlen.

(Selbst-)Stigmatisierung durch Leiderfahrungen

Wir sprechen heute mehr über psychische Erkrankungen als noch vor einigen Jahren. Besonders in den sozialen Medien ist dieser Austausch mittlerweile salonfähig. In Teilen ist dies auch etwas Positives, wie Traumaforscher Dr. Nicolas Rüsch in einem Interview mit *SWR2 Wissen* anmerkt. So zum Beispiel, wenn konstruktiv von Heilungsprozess oder Integration der Erkrankung berichtet wird. Gleichzeitig stellt sich ihm die Frage, ob allein das Sprechen über psychische Erkrankungen die Stigmatisierung im Alltag auflöst. Denn tatsächlich sprechen wir bereits seit Langem über psychische Krankheiten, wie zum Beispiel bei Prominenten. Nur hat sich an deren Stigmatisierung vor allem im Alltag der meisten »normalen« Menschen wenig verändert.[34]
Eine für mich bedeutsame Arbeit war vom Soziologen Erving Goffman, der sich in den Siebzigerjahren mit Stigmatisierungsprozessen beschäftigte, die er mit kategorialen Zuschreibungen erfasste. Stigmatisierte Menschen werden von der Gesellschaft ausgeschlossen, weil sie aufgrund eines gesellschaftlich nicht akzeptierten Merkmals als ungewollt erachtet werden. Ohne eine gesellschaftliche Zuschreibung von Kategorien wie »normal/unnormal« oder »gesund/psychisch krank« kann kein Stigma aufrechterhalten werden. Diese Kategorisierungen machen die soziale Identität aus, wobei sowohl soziale Eigenschaften als auch der Status wie beispielsweise der Beruf in diese miteinfließen.[35]

Goffman macht in seiner Stigmatheorie auf die stigmatisierte Person aufmerksam, die sich selbst über die bereits vorhandenen gesellschaftlichen Vorurteile des Stigmas gesellschaftlich unsicher fühlt.[36] Hierzu zählen Menschen, die sozial vermeintlichen Randgruppen angehören, wie beispielsweise psychisch kranke, blinde, arme Menschen oder solche mit Förderbedarf.[37] Wenn man stigmatisiert wird, erfährt man diese Stigmatisierung über die gesellschaftlichen Rahmenbedingungen und fühlt sich folglich dieser stigmatisierten Kategorie zugehörig.[38]

Das eigene Leiden ist meiner Beobachtung nach ebenfalls mit einem Selbststigma verbunden. Leidende Menschen stigmatisieren sich in ihrer Unsicherheit selbst, da sie ihr Leiden mit einer (gesellschaftlichen) Schuld verbinden. Das panoptische Prinzip der Überwachung und Kontrolle wirkt: Wir brauchen niemanden mehr, der uns Scham und Schuld über unser Leiden einredet. Das machen wir ganz allein, weil wir gelernt haben, so auf Leid zu reagieren.

Ein Beispiel, das wir sicher alle kennen: Nach einer Trennung erhält man viel Trost und Beistand. Man sitzt gemeinsam mit den Bezugspersonen und analysiert die Trennung, das Verhalten des Partners/der Partnerin und die eigenen Gefühle. Zu Beginn ist man ohnmächtig und bekommt viel Aufmerksamkeit von nahestehenden Menschen wie Freund*innen und Familienmitgliedern. Fühlen wir uns nach einer gewissen Zeit trotzdem noch verletzt, bringt uns dies in eine missliche Lage: Wir möchten unser Umfeld nicht wiederholt mit dem eigenen Leid belasten oder nerven, zumal der anhaltende Leidensdruck als Hinweis gedeutet werden kann, dass die tröstenden Worte ihre Wirkung verfehlt haben. Fortan hören wir Phrasen wie »Ich kenne das Gefühl«, »Warum denkst du noch daran?«, »Du hast doch ein so schönes Leben«, »Es ist die Vergangenheit, schließ damit ab!«.

Diese Aussagen führen ungeachtet ihrer Absicht zur emotionalen Abwehr und Abwertung unseres Leids. So gesellt sich zu dem bereits empfundenen Leid der Druck, das Gefühl so schnell wie möglich für sich und andere loszuwerden.

Liebe Leser*in, zur Information: Keiner kennt dein Gefühl. Manchmal kennen wir selbst unsere Gefühle nicht. Wie könnten die anderen es dann? Das geht nicht, und trotzdem gestehen wir unserem Umfeld Urteile über unsere Empfindungen zu. Warum?

Leid wird stigmatisiert und mit Schamgefühlen behaftet. Wir fühlen uns schuldig, schämen uns dafür, so lange an einem emotionalen Thema zu hängen, weil wir gesellschaftlich funktionieren und stark sein müssen. Wir haben im Leben alle einmal die Erfahrung gemacht, dass unser Leid vom Gegenüber relativiert wurde. Wenn wir leiden, hört selten jemand mehrmals über Monate derselben Geschichte aufmerksam zu. Alternativ bemüht das Umfeld Aussagen wie »Ich kenn das Gefühl, das dauert!«.

Tatsächlich ist es aber ratsam, den Leidenden leiden zu lassen und sein Leid nicht unmittelbar mit rationalen Tipps entfernen zu wollen. Leid darf dableiben und muss nicht immer vom Umfeld verstanden werden, inwiefern richtig oder falsch, angemessen oder unangemessen gelitten wird. Ein Stigma ist nicht nur sichtbar (z. B. körperliche Beeinträchtigung), sondern auch unsichtbar (z. B. psychische Krankheiten wie Depressionen) gesellschaftlich verankert. Uns wird nicht nur eine Schuld zugeschrieben, sondern eine Krankheit, die Krankheit des Leidenden, der Schwäche, des Opfers. Wir stigmatisieren uns über Leid und empfinden uns als Schuldige, als Opfer und zugleich als Täter, als Personen, die etwas Unmoralisches und Unmenschliches erfahren. Ein Stigma entsteht nicht plötzlich, sondern ist etwas kulturell-historisch und politisch Geprägtes, das von Diskurs zu Diskurs verschleppt wird.

Leid ist in den meisten Fällen nicht gewollt. Von klein auf werden wir – unter anderem institutionell – geprägt, dass wir ein Stigma tragen, dass unser Leid nicht zugelassen wird. Wir lernen in unserer westlichen Gesellschaft, dass es Leid gibt, aber nie bei uns. Leid ist irgendwo da draußen, Krieg gibt es nicht bei uns, sondern woanders. Die Nahbarkeit, dass es uns alle treffen kann, wird dabei ausgeschlossen, bis es uns erwischt. Nur ist der Krieg nun auch seit ein paar Jahren in unsere Reichweite gekommen – wie gehen wir nun damit um?

Kaum einer erlaubt sich, selbst lange zu leiden, es ausgiebig zu empfinden. Man erhält die Erlaubnis, leiden zu dürfen und mit dem Leid zu sprechen. Unser Umfeld hierarchisiert unser Leiden, wie zum Beispiel bei Trennung und Liebeskummer mit Aussagen wie: »Das wird schon, du musst positiv denken. Denk doch zum Beispiel an die zahlreichen armen Kinder, die nichts zu essen haben.« Man könnte auch sagen: »Hör auf zu leiden, denn aus meiner Sicht gibt es Menschen, die viel größeres Leid ertragen müssen als du.« Welche Funktion erfüllen also solche Aussagen? Was als Hilfestellung anmutet, ist nur selten ein wirklicher Trost im Umgang mit Leid. Im Gegenteil, die leidende Person fühlt sich schlecht, abgelehnt und nicht ernst genommen. Wir schämen uns dafür, dass wir trotz der hungernden und damit offensichtlich leidenden Kinder eigenes Leid empfinden. Dabei fehlt dem Gegenüber häufig eine Sensibilität im Umgang mit dem Aushalten von Leid, wie beispielsweise der leidenden Person weinen zuzusehen. Aus dieser eigenen Hilflosigkeit werden schnell gut gemeinte, aber dennoch ungefragte Tipps, die Druck aufbauen.

Das Beispiel verdeutlicht, dass wir uns oft im Recht sehen, den Umgang mit Leid zu hierarchisieren und zu relativieren. Es geht immer schlimmer, leidvoller, schmerzhafter. Doch unsere Leidenserfahrungen sind immer subjektiv: Ob ich nichts zu essen oder Liebeskummer habe, darf keiner Hierarchisierung unterzogen werden, da der Kontext ein völlig anderer ist. Aber wieso hat das subjektive Leiden trotzdem eine Zeitangabe? Wer bestimmt diese Zeit? Wann darf man lange leiden? Und warum messen wir die Kontextualisierung von Menschen, die freie Individualität, mit Leid auf Zeit?

Wir hierarchisieren und kategorisieren allein aus dem Grund, um uns von der eigenen Schuld des Denkens zu befreien und nicht darüber nachdenken zu müssen, welche individuellen Beweggründe vorhanden sein könnten. Wir sind einfach und problemorientiert. Kategorien ordnen unser Denken, sodass wir eben keine individuellen Abwägungen mehr anstellen müssen. Wenn man nicht gerade den Plan hat, das Leid zu nutzen, um damit einen Erfolgshit oder einen Bestseller zu schreiben, ist Leid schlecht – und das war's! So jedenfalls die landläufige Haltung.

Doch leiden bedeutet mehr. Es bedeutet, sich zu reflektieren, sich frei vom Außen zu machen: Introspektion. Es verfolgt einen tage-, monate-, möglicherweise jahrelang, und dennoch entsteht Wachstum, abhängig vom individuellen Umgang mit den eigenen Leidenserfahrungen. So halten wir an dieser Stelle fest: Leid vergeht, deine Leiderfahrung wird in deinen Alltag integriert und nicht an Zeit gemessen.

VOM SHITSTORM ZUM LEIDSTORM: KEIN INSTAGRAM-LIKE HILFT DEINER LEIDVERARBEITUNG

Computer haben unsere Probleme nicht. Sie haben keine Gefühle. Täglich schauen wir uns Bilder und Videos von anderen an und denken, dass sie der Realität entsprechen. Die Bilder, die wir anschauen, lügen uns an, denn die Realität ist vor dem Bildschirm: Das bist du! Ich stelle die provokante These auf, dass wir vor allem heute im Zuge der Digitalisierung, Selbstoptimierung und des Kapitalismus keine Leidanerkennung praktizieren. Stattdessen sitzen wir vor dem Bildschirm und sollen unsere Gefühle mithilfe zahlreicher »Healing«-Videos ungefühlt machen. Aber ich möchte hier gar nicht lange auf die Healing-Kultur eingehen, die viel Raum in den sozialen Netzwerken einnimmt, sondern mehr auf unsere Angst, Leid zuzulassen.

Wir sind gar abhängig von dem Wunsch, dass irgendwer uns mitteilt, wie wir den Schmerz behandeln können. In den sozialen Netzwerken, die unseren Alltag bestimmen, erzählen wir täglich in unseren »Storys« darüber, wie gut oder auch schlecht es uns geht, wo wir uns aufhalten, welchen Ort wir besuchen oder in welchem Restaurant wir uns gerade unser neues Lieblingsgericht schmecken lassen. Hier gibt es kaum noch ein privates Ich, vielmehr ein öffentliches Ich, das auch über private, tabubesetzte Themen ins Außen tritt.

Diese Form der medialen Selbstdarstellung versetzt uns in einen Zustand ständiger Beobachtung: Wir stellen unser Leid dar und kriegen dafür Likes und Kommentare. In der personenzentrierten Psychotherapie nach Carl Rogers spricht man von der bedingungslosen positiven Zuwendung von Therapeut*in zu

Klient*in. Hierbei geht es vor allem um die volle Wertschätzung der Gefühle von den Klient*innen, welche mit purer Akzeptanz gestützt werden sollen.[39]

Das Prinzip der positiven Zuwendung verlagert sich in die sozialen Netzwerke, da man dort Zuspruch von Wertschätzung sucht und tauscht. Für dieses Buch habe ich mich bewusst mit den Ratgebern beschäftigt und auf Social Media viel kontraproduktive Macht erkannt, die sich auf unser Leben überträgt. Mittlerweile steht Selbstheilung eng im Zusammenhang mit Selbstdarstellung: Zahlreiche Verheißungen wie »How to heal your emotional pain« oder auch Zitate im Umgang mit emotionalem Schmerz verdeutlichen den gesellschaftlichen Drang, Unterstützung mit eigenen Leiderfahrungen zu bekommen.

Dennoch klappt es nicht ganz. Heute teilen alle ihr Leid, ihren Schmerz und schlagen daraus Kapital. Die Selbstdarstellung hilft dabei, mit dem vermeintlich tabuisierten Leid umzugehen. Über die Like- und Kommentarfunktion werden die Leidenden in ihrer Selbstdarstellung verstärkt. Daher teilen so viele ihre Leiderfahrung, um Zusprüche der Sorte »Wie mutig von dir, uns davon zu erzählen« zu erhalten. Diese helfen den Leidenden, im Momentum einen Umgang mit dem Leid zu finden. Allerdings ist ein Like keine Bewältigungsstrategie im Umgang mit der Leiderfahrung. Wir orientieren uns mehr an einem »Like« als unserem Heilungsprozess. Letzteren gucken wir uns dann auch in Youtube-Videos an, um eine Richtlinie zu finden. Meistens hilft es uns aber nicht so gut, da wir im Innen, also bei uns bleiben müssen, statt im Außen nach Bewältigungsmöglichkeiten zu suchen.

Soziale Netzwerke befinden sich also in einem Spannungsfeld aus Enttabuisierung von Leidenserfahrungen und einer Leidüberreizung, ich nenne es »Leidstorm«. Leiderfahrungen verkaufen sich und generieren viele Klicks, Likes und Kommentare.

Wir produzieren emotionale Leiderfahrungen und kategorisieren diese, um eine vermeintliche Entstigmatisierung zu schaffen. Wir wollen die eigene Leidenserfahrung vom Stigma befreien und Transparenz schaffen. Dabei werden wir psychologisch betrachtet immer verstärkt, da ein Like oder auch ein Hate-Kommentar viele neue Aufrufe bringt. Leid wird mediatisiert und nicht emotionalisiert. Die emotionale Verbindung zum Bildschirm dient mehr dem Entertainment, und das Leid wird wegswipebar, wenn es gerade nicht in die saubere Timeline passt. Aus meiner Perspektive werden die Leiderfahrungen durch die Struktur, Routine und zahlreiche Tipps der Healing-Tutorials bagatellisiert. Im Umgang mit emotionalem Schmerz sind diese langfristig betrachtet kaum hilfreich. Wir wissen alle, dass Sport und Atemübungen allein nicht ausreichen, um unser Leid zu behandeln. Dafür benötigen wir viel mehr – und zwar uns selbst.

Eine gesunde Leidverarbeitung entsteht im Diskurs mit dem eigenen Selbst. Daher ist beispielsweise Psychotherapie häufig ein freier Raum für die Verarbeitung von Leidverarbeitung. Über den offenen Diskurs der eigenen Probleme, Gedanken, Gefühle oder auch positiven Erlebnisse gelangen wir in ein tieferes Selbst.

Vor allem in den sozialen Medien hingegen haben wir nach meinem Empfinden eine ungesunde Leidkultur entwickelt. Man erwischt sich häufig selbst dabei, nicht leiden zu wollen oder zu dürfen, weil die Reize von außen uns unter Druck setzen. Wir nehmen nicht genügend Rücksicht auf das individuelle Gefühl des Leids und legen gleichzeitig unser Augenmerk zu stark auf normative Leidempfindung und -verarbeitung. Wir akzeptieren Anweisungen von außen, die uns erzählen, wie unser Leid zu behandeln sei. Dabei gibt es weder Anleitung oder Anweisung. Kann es sein, dass unser Leid in den sozialen Medien einem ganz bestimmten Zweck dient?

Leid(-verarbeitung) hat auch auf Social Media eine kapitalistische Funktion: Apps wie TikTok, Instagram oder Snapchat haben einen positiven Nutzen von Leiderfahrungen. Sie werden von Usern geteilt, um mit einer »Gefällt-mir«-Angabe in ihrer Leiderfahrung behandelt zu werden. Heute teilt jeder seinen emotionalen Schmerz. Ein Like hilft, unseren Schmerz kurzzeitig zu vergessen: »Virtuality will destroy reality«[40], so der französische Philosoph und Medienkritiker Paul Virilio.

Die virtuelle Welt verzerrt nicht nur unsere Realität, sondern bietet unendliche Möglichkeiten, unsere Gefühle zu verzerren oder gänzlich wegzuschieben. Die Folge: Die menschliche Emotionalität wird über die reine Selbstdarstellung in Form von Bildern und Videos geschaffen. Wir bilden uns ein, wir seien tatsächlich offener im Umgang mit Leid, weil wir eine Flut von leidvollen Geschichten über Bilder oder Videos erhalten, weil wir diesen Leidstorm visuell aushalten. Es ist keine Zeit für eine reale »Me-time«, da diese durch eine Bilder- und Videoflut ersetzt wird. Wir achten nach außen auf Selbstfürsorge, setzen sie aber nach innen nicht um. Wenn man zu sehr im Außen ist, lebt man nicht im Innern.

Leidverarbeitung in den sozialen Medien ist wie eine »Compassion fatigue« (ich nenne es »Leid fatigue«). Nach einer gewissen Zeit empfinden wir einen Erschöpfungszustand bezüglich der leidenden Person und vor allem ihrer Geschichte. Das Leiden anderer kann müde machen. Sogar das eigene Leiden kann müde machen. Wir wollen uns eine neue Geschichte anschauen, um unsere Leiderfahrungen external zu bereichern. Die alte Leiderfahrung wird langweilig und macht uns schlapp. Wir haben uns genug damit beschäftigt und wenden uns einer neuen zu.

Die internale Leidverarbeitung (d. h. unsere eigene) findet dabei kaum statt. Wir betrachten das Leid anderer und empfinden dabei den inneren Druck, nach den bloßen Ratschlägen anderer Leidender weiterzumachen. Wir haben eine Überproduktion von Leiderfahrungen, die uns nicht mehr spüren lassen. Wir spüren das Leid der Person nicht. Wir lernen nicht aus ihrem Leid.

Ich hatte die ersten Berührungspunkte mit Leiderfahrungen auch über Bilder, nämlich durch die Dokumentar- und Kriegsfotografie von James Nachtwey, Sebastião Salgado oder auch Don McCullin, die mich spüren ließ. Ich spürte die ausgehungerten Körper der Kinder in Sahel von Sebastião Salgado und recherchierte zu diesen Erfahrungen. Ich konnte die Fotobücher zwar weglegen, aber nicht nach links und rechts swipen, was die Konfrontation nahbarer gemacht hat. Wir lebten zu der Zeit noch nicht in dieser Swipe-Kultur. Die Möglichkeit zu haben die Fotobücher kurz wegzulegen, ermöglichte mir einen gesunden Abstand zu gewinnen und die Tiefe der Bilder zu reflektieren.

Heute sehen wir Menschen in den sozialen Netzwerken leiden, weinen, schreien, Angst haben – und wir swipen nach links oder rechts. Dieses Swipen, der nicht endende Schwall unterschiedlicher Leiderfahrungen, stärkt jedoch nicht zwangsläufig unsere Fähigkeit, mit Leid umzugehen. Dieses Wühlen durch den Leidsstorm betäubt, stumpft ab und macht es schwierig, der im Grunde egoistischen, aber doch so notwendigen Aufgabe der Selbstreflexion nachzukommen. Wie könnte man das eigene Leid fühlen, wenn man von so viel Leiderfahrungen umgeben ist?

Man erinnere sich an die hungernden Kinder. Die Erkenntnis geht dabei verloren, dass Leid stark machen kann. Wir üben uns im Betrachten von Leid, swipen die Gefühle weg und holen unsere Erkenntnis ohne Sinnhaftigkeit ab. Der Sinn von Leid wird über die Erzählung der leidenden Person in den sozialen Netzwerken geholt. Wir können heute viel schneller wegschauen und sind uns hierüber nicht bewusst, welchen Leidensdruck dieses Hin- und Herwischen beinhaltet. Sich mit emotionalem Schmerz zu beschäftigen bedeutet im ersten Schritt, das Gefühl entziffern zu können. Wie möchte ich das bei einer derartigen Schnelllebigkeit eines Swipes spüren? Ich swipe einfach das Leid weg.

Wir lernen nicht aus dem Leid der anderen

Zugespitzt formuliert genießen wir es, ständig beobachtet und überwacht zu werden,[41] wie beispielsweise auf unseren Instagram-Profilen. Es gibt uns ein Sicherheitsgefühl, den anerkannten und erstrebenswerten Normen zu entsprechen. Im Zuge dieser digitalen Überwachung werden auch im digital-kapitalistischen Zeitalter zahlreiche Ratgeber rund um die Themen Gefühle, Resilienz oder Umgang mit Widrigkeiten nicht wissenschaftlich publiziert und gesamtgesellschaftlich mit großem Interesse verbreitet. Diese Ratgeber beobachten uns ebenso.

Vulnerabilität bezeichnet einen Zustand, indem wir anfälliger für psychische oder physische Krankheiten sind. Jeder Mensch durchläuft im Leben verschiedene vulnerable Phasen. In vielen Ratgebern wird sie jedoch mit einer unrealistischen Stärke ausgetauscht, unter anderem mit dem Ziel, unsere Leistung zu optimieren. Die mythenbesetzte Resilienz, die sich in den gesellschaftlichen Strukturen abbildet, ist dabei weder realistisch noch wissenschaftlich fundiert. Die konstante Konfrontation mit Resilienz, vor allem in den Medien und sozialen Netzwerken, stützt Menschen nicht in ihren realistischen, leidvollen Themen, mit denen sie täglich konfrontiert werden.

Wenn ich auf Instagram unabhängig vom Algorithmus herumscrolle, erkenne ich immer mehr Offenbarungen emotionaler Themen wie beispielsweise »Ich und meine psychische Störung XY«, »Ich und meine Trennung«, »Ich und meine Probleme« und weitere Themen, die die Menschen begleiten. Die Offenbarungen finde ich sehr mutig, und ich bewundere Menschen, die bereit sind, sich medial zu öffnen. Dennoch haben wir ein Problem: Uns fehlt die Lernerfahrung vom Leidstorm. Wir haben eine Überproduktion von »Ich« und »meine Themen«. Es sind so viele Tipps online, dass es gar überfordern kann. Die Tipps, die wir erhalten, helfen uns nicht mit unserem eigenen Leid – sie können uns höchstens unterstützen, von der Leiderfahrungen anderer zu profitieren. Gelingt uns das, müssen wir dennoch auch an unserer eigenen Leidkultur festhalten. Die Leidverarbeitung von XY erspart dir nicht deine eigene Verarbeitung.

Wird es uns besser gehen, wenn wir vermehrt nach Tipps und Tricks in den sozialen Netzwerken suchen, um unser Leid zu verarbeiten? Vermutlich nicht. Wir sind alle unterschiedlich, und die vielen Ratschläge entsprechen nicht unserem individuellen Leid. Eher werden sie uns betäuben. Wenn wir leiden, vergessen wir oft, dass wir keine andere Wahl haben, als das Leid auszuhalten und wenigstens für den Moment im Leid zu leben. Es ist da, und nun?

Das Rumscrollen ermüdet uns, und gewonnen haben wir dabei nichts. Daher kommt hier mein Ratschlag: Leg dein Smartphone oder Tablet weg, klapp den Laptop zu und lass all das Leid anderer für den Moment hinter dir. Ich verspreche dir: Das Leid der Welt wird nicht einfach verschwinden, aber sich bewusst davon zu distanzieren, gibt dir den so notwendigen Raum, um deinen eigenen Leidstorm zu visualisieren. Dies beinhaltet zum anderen, dir klarzumachen, dass du dich imaginär um dein Leid kümmern kannst. Dass du dich nicht hinter dem Bildschirm verstecken musst, um das Leid wegzuswipen.

Du weißt: Das Gefühl ist da, und Ablenkung ist keine Dauerlösung. Steig in das Leid ein und stell es dir bildlich vor. So kannst du ein Selbstmitgefühl für dich in deiner Situation herstellen und gut zu dir sein. Du solltest das Leid liebevoll behandeln, dich darum kümmern, es dir vielleicht als ein Kunstwerk mit verschiedenen Farben und Strukturen deiner Wahl vorstellen. Ich stelle mir meine Leiderfahrung immer als Kunstwerk vor. Es gibt schon so einige visuelle Kunstwerke, die je nach Situation anders aussehen. Suche dir Farben, die dir guttun, die dir helfen, bei jedem Mal die Augen zu schließen und dir dein »Leidbild« vorzustellen. Kräftige oder auch helle Farben können dir helfen, deinen Weg zur Resilienz zu visualisieren. Mit der Zeit ändert sich deine Beziehung zu deinem Leidbild, und die Farben können sich ebenfalls verändern. Das ist in Ordnung. Vielleicht wählst du kräftigere oder blassere, hellere oder dunklere, um deine Entwicklung, deinen Weg durch die Verarbeitung deiner Leiderfahrung zu verbildlichen. Die Veränderung in deinem Leidbild, in deinem Blick auf deine Situation, wird dir dabei helfen nachzuvollziehen, dass und auch wie sich dein Blick auf deine Emotionen verändert und wie du Schritt für Schritt mehr Resilienz im Umgang mit deinem Leid aufbaust. Selbst wenn die Farben gleich bleiben und es lange dauert, bis du dich mit diesem Bild auseinandergesetzt hast, ist das okay. Gib dir selbst die Zeit, die du brauchst, und wähle die Farben, die dich stärken und dein Leidbild vollenden. Bleib in Ruhe bei dir selbst und lass dich nicht vom Leidstorm mitreißen, sondern orientiere dich an deinem Bild.

Das Leben ist kein gerader Weg
von A nach B, sondern vielmehr ein Balanceakt
zwischen Sonnenschein und Regen.

3

RESILIENZ – DEIN INNERES PERSÖNLICHES GUMMIBAND

Der Begriff »kafkaesk«, abgeleitet vom Namen des Schriftstellers Franz Kafka, wird häufig gebraucht, um das Skurrile, Unheimliche und Absurde in Situationen zu beschreiben. Personen, die in kafkaesken Situationen gefangen sind, fühlen sich machtlos und ausgeliefert. Ich trage das Wort »kafkaesque« als Tattoo unter meinem rechten Ellbogen. Immer wieder werde ich danach gefragt, welche Bedeutung ich genau mit diesem Tattoo, mit diesem Wort verbinde. Es beschreibt nicht nur meine Verbundenheit zu Kafkas literarischem Schaffen, sondern stärkt mich in Momenten, in denen ich das Gefühl habe, der Gesellschaft und ihren Bedrohungen hilflos ausgesetzt zu sein.

Kafka ist für mich ein resilienter Schriftsteller, der seine widrigen Lebenssituationen in Literatur verarbeitete. Ich habe in der späten Jugend begonnen, seine Bücher zu lesen. Mein erstes war *Briefe an den Vater*. Darin arbeitet Kafka seinen emotionalen Schmerz aufgrund der konfliktreichen Vaterbeziehung auf. Seine surreale und interessante Schreibweise, mit der er die Machtstrukturen in der Gesellschaft anklagt, fesselte mich. Gesellschaftliche Macht und Leid waren aus meiner Sicht zwei bedeutsame Attribute in Kafkas Leben.

Doch nicht nur Kafka selbst, sondern auch die Figuren, die er schuf, bewundere ich: Sein wohl bekanntestes Werk *Die Verwandlung*[42] (1912) erzählt die Geschichte von Gregor Samsa, der eines Morgens als Ungeziefer erwacht und fortan seinen Alltag in der neuen Gestalt fristen muss – eine Leidenssituation, der er machtlos ausgeliefert ist.

Kafkas Protagonisten gehen alle durch extrem widrige Situationen, so auch Gregor Samsa, der von seiner Familie zunehmend ausgegrenzt und vernachlässigt wird, weil er anders ist. Allein kann er sich nicht an seinen neuen Lebensstil als Ungeziefer anpassen. Die Vulnerabilität (Verletzbarkeit) Gregor Samsas, die Ausgrenzung, Vernachlässigung und nicht vorhandene Beziehung zu seiner Familie führen am Ende des Buchs zu seinem tragischen Tod.[43]

Während Kafkas Protagonist also an seiner leidvollen Erfahrung scheitert, konnte er selbst dagegen durch das Schreiben und Ausarbeiten dieser Figuren sein Leid verarbeiten, so zumindest meine These. Die Geschichten, die er kreierte, halfen ihm, einen Umgang mit widrigen Situationen zu pflegen. So erinnert auch das eher schlechte Verhältnis zwischen Gregor Samsa und der aggressiven Vaterfigur sehr an das Verhältnis zwischen Kafka und seinem Vater, wie es in *Briefe an den Vater* beschrieben wurde. Gregor Samsas Verletzlichkeit spiegelt demnach Kafkas eigene Verletzlichkeit.

In der Resilienzforschung ist diese Verletzbarkeit, die Vulnerabilität, das Gegenstück der Resilienz. Verletzlichkeit ist immer ein Teil von uns allen. Jeder Mensch kann psychische Störungen entwickeln und sich im Laufe des Lebens in unterschiedlichen

Phasen erhöhter Vulnerabilität befinden – einmal resilient zu sein heißt nicht, immer resilient zu sein!

Stelle dir psychische Resilienz als Gummiband tief im Innern vor, welches im Umgang mit leidvollen Situationen eine niedrige oder hohe Elastizität aufweist. Das zu weite Dehnen ist die »vulnerable Phase« des Gummibandes. Es verfügt zwar über eine gewisse Elastizität, diese hat jedoch auch Grenzen. Dein Resilienz-Gummiband lässt sich nur so weit dehnen, bis es zerreißt. Das gilt so auch für den Menschen im Umgang mit seinen vulnerablen Lebenssituationen. Auch du hast nur eine gewisse emotionale Anpassungsfähigkeit an vulnerable Erfahrungen.

Jeder Mensch hat sein eigenes, inneres Gummiband. Jedes Gummiband ist anders, von dünnen Haargummis bis zu massiven Dichtungsringen für Einmachgläser unterscheiden sie sich in ihrer Beschaffenheit und Qualität. Wie unser inneres Gummiband beschaffen ist, hängt von unterschiedlichen Faktoren in uns selbst und in unserem Umfeld ab und kann sich je nach Einfluss verändern, da Resilienzentwicklung variabel ist.

Aufgrund des inflationären Gebrauchs des Resilienzbegriffs haben diverse Definitionen Eingang in den (populärwissenschaftlichen) Diskurs gefunden, die zum Teil Resilienz unkorrekt beschreiben. Die schiere Menge an Definitionen verwirrt nicht nur, sie erschwert es darüber hinaus auch, den Begriff korrekt wiederzugeben. Eine Definition führt zur anderen, sodass die wissenschaftlich korrekte Definition allem Anschein nach gar nicht mehr gebraucht wird. Resilienz wird meistens als psychische Widerstandsfähigkeit beschrieben, die hilft, Krisen zu bewältigen und mitunter auch an ihnen zu wachsen. Was dabei kaum erläutert wird, ist die Varietät (beispielsweise einmal resilient bedeutet nicht immer resilient).

An dieser Stelle möchte ich eine vereinfachte Beschreibung der Resilienz vorstellen, die ich in Anlehnung an wissenschaftliche Definitionen entwickelt habe:

Resilienz ist deine Fähigkeit, widrige Lebensumstände oder Krisen anhand deiner eigenen Bewältigungsstrategien, Kompetenzen und Ressourcen zu bewältigen. Ein resilienter Umgang mit einer belastenden Situation zeigt sich vor allem rückblickend, indem du über den Prozess veranschaulichst, dass du diese für dich erfolgreich bewältigt hast. Eine erfolgreiche Bewältigung meint, dass du dich mit der Situation auseinandergesetzt hast und keine psychischen oder physischen Folgen davonträgst.[44]

Mir ist wichtig zu betonen, dass Resilienz ein dynamischer Anpassungsprozess ist, der nicht gradlinig ablaufen muss und in Interaktion mit dir und deinem Umfeld geschieht. Resilienz ist flexibel, auch dem Begriff nach. Ursprünglich stammt dieser aus der Werkstoffkunde und beschreibt die Elastizität verschiedener Materialien wie beispielsweise Gummi.[45] In den Verhaltensforschungen wie der Psychologie wurde der Begriff ab 1970 adaptiert und beschreibt dort die Resilienz als die psychische Widerstandsfähigkeit von Menschen im Umgang mit erlebten widrigen Situationen. Dafür reicht es nicht, eine solche Situation zu überleben, damit sie als erfolgreich bewältigt gilt. Ferner sollen wir psychisch und physisch gestärkt aus diesen Phasen hervorgehen. Bedeutsame Faktoren sind demnach Bewältigung, Umgang mit erlebtem Stress und die psychische beziehungsweise physische Gesundheit.

Wir müssen jedoch zwischen zwei unterschiedlichen Stresstypen unterscheiden, denn Stress ist nicht immer schlecht, auch wenn wir den Begriff überall hören und er medial dämonisiert wird. Zum einen erleben wir alle Alltagsstress, (sog. »Eustress«, guter Stress), der wichtig und gut für uns ist. Ohne guten Stress hätte ich dieses Buch nicht schreiben können. Ohne guten Stress könnten die meisten von uns morgens nicht aufstehen und zur Arbeit gehen, wichtige Termine und Deadlines einhalten, Essen zubereiten, sich fertig machen usw. All diese Situationen werden von einem gewissen Stress begleitet, der uns zwar antreibt, aber nicht überwältigt.

Dem gegenüber steht der negative Stress (sog. »Disstress«), der unserem Körper und Geist schaden kann. Wenn Stress so lange andauert, dass wir uns nicht erholen, sondern in einem anhaltenden Status der Überforderung keinen Ausgleich schaffen können, wird Stress zum konfliktreichen Gefühl. Wir bleiben dann in einer erhöhten Stressphase. Als Studentin musste ich beispielsweise immer viele Klausuren nacheinander schreiben. Nach den Klausurphasen gelang es mir nie, zwischen Lernstress, Nebenjob und Praktika »gesund« zu bleiben. Meine Klausuren liefen erfolgreich – allerdings waren fiese Erkältungen oder eine akute Magenschleimhautentzündung die Quittung. Mein Körper zeigte mir deutlich, dass das alles zu viel war. So erkannte ich, dass ich eine Phase von schlechtem Stress durchlief.

Es dauerte eine Weile – bis zu meiner Promotionsschrift –, um »gesundes Leisten« zu lernen. Dies war ein langer Prozess. Ich begann, viel Sport zu treiben und mir regelmäßig Gutes zu tun, wie beispielsweise Freunde treffen, Lernpausen einlegen und so weiter. Über mein ständiges Krankwerden nach Prüfungen, mein fast verlorenes Privatleben und die andauernde Überarbeitung fing ich an, meine Haltung schrittweise zu verändern. Im ersten Schritt lernte ich, mir zu erlauben, überfordert zu sein und nicht immer weitermachen zu müssen. Das Gefühl »Es muss sich etwas verändern« war ein für mich belastendes Gefühl, da es mich zur neuen Handlung zwang. Dieses Gefühl zu bewältigen, war für mich emotional schwer, da es mich zwang, meine Routinen, engen Denkmuster und die damit verbundenen Gewohnheiten zu überdenken. Wir kennen das alle: Schon allein das Überdenken von Verhalten, das sich einmal in unseren Alltag eingeschlichen und dort verfestigt hat, kann belastend sein – es kostet mindestens Überwindung, kann aber auch weitergehend Leid verursachen, je mehr wir um uns herum verändern. Das ist ein sehr schwerer Prozess, denn du verlierst unter anderem Freunde und alte Routinen, die dir vermeintlich das gaben, was du jetzt in dir suchst.

Veränderung, das wissen wir alle, ist einfacher gesagt als getan. Wäre ich jedoch nicht überfordert gewesen, hätte ich meine Gewohnheiten auch nicht schrittweise ändern wollen, ja sogar ändern müssen. Wenn nicht unsere Psyche bereits signalisiert, dass Veränderungen notwendig sind, dann macht es unser Körper deutlich. Viele von uns sind sich bewusst, dass Veränderung herausfordernd ist und oft die Konfrontation mit unseren inneren Dämonen erfordert. Im Veränderungsprozess fühlen wir uns oft emotional schlechter als zuvor. Es gibt jedoch viele, die nicht verstehen, dass dieser Schmerz ein integraler Bestandteil des Heilungsprozesses ist, und stattdessen den Mythos glauben, dass Heilung ein sanfter, angenehmer Prozess sei. Aber das ergibt keinen Sinn, oder? In bestimmten Lebensphasen, besonders wenn starke Emotionen im Spiel sind, haben wir die Möglichkeit, unser Leben zu überdenken und Veränderungen anzustreben.

Der Beginn von Veränderungen kann äußerst einschüchternd sein, da sich buchstäblich alles ändert: von unserem sozialen Umfeld über unsere Gewohnheiten bis hin zu unserem Beruf. Es ist ganz selbstverständlich, dass das anfangs beängstigend wirken kann, ähnlich wie das Durchleben einer Krise, die uns zwingt, Bewältigungsstrategien zu entwickeln, um sie zu überwinden. Hier kommt wieder der Begriff Resilienz ins Spiel. Wenn es uns gelingt, die Krise erfolgreich zu bewältigen und daraus zu lernen, machen wir einen Schritt vorwärts auf dem Weg des persönlichen Wachstums.

KEIN SCHEMA F: RESILIENZ IST EIN FLIESSENDER PROZESS

»Panta rhei – alles fließt.«

Heraklit war ein vorsokratischer Philosoph, der besonders bekannt für seine Ideen und Lehren über Wandel und die Natur der Realität war. Er prägte die Formel »Panta rhei – alles fließt«. Der Aphorismus dieser heraklitischen Lehre sagt aus, dass alles immer in Bewegung ist und dass man demnach nicht zweimal in denselben Fluss springen kann, weil dieser Fluss sich durch die immerwährende Bewegung verändert.

Heraklits Lehre kann man auch auf Leiderfahrungen übertragen: Man kann nie zweimal dieselbe Leiderfahrung machen. Man kann zwar beispielsweise mehrfach Trennungen durchleben, und trotzdem werden die meisten zustimmen, dass jede Trennung ein wenig anders ist, einfach deshalb, weil man selbst eine andere Person geworden ist. Das Leben fließt vor uns hin, und wir können, egal wie sehr wir uns bemühen, nur begrenzt Einfluss darauf nehmen. Alle Erfahrungen, ob positiv oder negativ, sind einmalig und fließend. Sie kommen und gehen wie Wellen.

Das Konzept der Resilienz bereitet uns nicht zwingend auf alle leidvollen Erfahrungen vor. Wie bereits eingangs beschrieben, ist die Resilienz nicht angeboren, sondern ein kontextabhängiger und variabler Prozess. Menschen durchleben nicht nur verschiedene widrige Phasen in ihrem Leben, sondern gehen mit diesen auch unterschiedlich um – man spricht dann von Coping-Skills oder auch Bewältigungsstrategien. Jeder Mensch hat seine eigenen Bewältigungsstrategien, um mit leidvollen Erfahrungen umzugehen.

Für dich bedeutet das: Du bist nicht in allen widrigen Situationen gleich resilient oder *überhaupt* resilient. Resilienz zeigt sich in bestimmten Lebensbereichen eines Menschen, aber nicht in allen. Ich kann beispielsweise sehr gut mit einer Verlusterfahrung außerhalb meiner Familie umgehen, dagegen aber die Trennung vom Partner nicht erfolgreich bewältigen und in eine depressive Phase fallen. Andere wiederum kommen nach einer Trennung schnell wieder auf die Beine, knabbern aber lange am Verlust der geliebten Oma.

In diesem Fall ist es dann ratsam, therapeutische Unterstützung in Anspruch zu nehmen und neue Bewältigungsstrategien im Umgang mit den als überfordernd erlebten Erfahrungen zu entwickeln. Man kann über vulnerable Lebensphasen neue Bewältigungsstrategien selbst oder in Unterstützung mit externer Hilfe erlernen. Ist die vulnerable Situation neu, so ist es häufig schwieriger, mit dieser neuen Situation umzugehen und ebenso ad hock Bewältigungsstrategien anzuwenden. Diese müssen wir dann erst neu erlernen.

Es gibt drei bedeutsame Kriterien, die das Resilienzkonzept definieren und die Resilienzmythen aufheben:

1. Resilienz ist ein beweglicher, dynamischer Anpassungsprozess an widrige Lebensumstände. Dies bedeutet, dass sich Re-

silienz in Interaktion mit dir und deinem Umfeld entwickelt und mit deinen vorherigen Erfahrungen zusammenhängt. Beispielsweise wie du bislang mit vulnerablen Lebensphasen umgegangen bist.[46]
2. Resilienz ist ein variabler Prozess, der sich je nach Situation verändern kann. Bist du einmal resilient, heißt es nicht, dass du immer resilient bist.
3. Resilienz zeigt sich in bestimmten Situationen, ist also situationsspezifisch.[47]

Jeder Mensch hat eigene, persönliche Themen, Muster und Eigenschaften, die ihn ein Leben lang begleiten und womöglich auch belasten. Es gibt Themen, Menschen oder auch Dinge, die ein Individuum ebenso triggern können und die vor allem bei der Konfrontation zu einem psychischen Ungleichgewicht, einer Phase erhöhter Vulnerabilität führen können. Resilienz variiert je nach Situation und schlägt auch je nach Situation immer verschiedene Wege im Lebenslauf eines Menschen ein.

Es gibt nicht nur den Weg der Resilienz, sondern verschiedene Wege, um psychisch und physisch gesund und möglicherweise sogar gestärkt aus einer schwierigen Situation herauszukommen. Somit lässt sich kein einheitliches Skript darüber entwerfen, wie man sich in widrigen Lebensphasen psychisch gesund zu verhalten hat. Auch wenn zahlreiche Ratgeber dem nachgehen und vorschlagen wollen, wie wir Gefühle beispielsweise aushalten können, so hat auch dieses Aushalten eine Varietät unendlicher Gefühle.

Nehmen wir die Trauer: Sie ist bei jedem Menschen unterschiedlich. Einige Menschen heilen ihre Trauer, indem sie wochen- oder monatelang weinen und sich ihrem Leid hingeben. Andere lenken sich mithilfe von Reisen, neuen Hobbys oder Konsumgütern ab.

Wieder andere vermeiden vielleicht die Konfrontation, gehen viel aus und durchleben ihre Erfahrungen mit Tanz und Musik. Das zeigt, dass sich nicht nur die Ursachen für Leid aus den unterschiedlichsten Quellen speisen, sondern dass infolgedessen auch die Verarbeitung des Leids immer wieder neue Möglichkeiten und Zugänge hervorbringen kann und muss.

Eine Bewertung darüber, wie angemessenes Leiden auszusehen hat, ist aus diesem Grund kaum möglich, außer man verarbeitet die Trauer beispielsweise über dysfunktionale Strategien wie Drogenkonsum oder schädliches Suchtverhalten, um die eigenen Gefühle zu betäuben. Davon abgesehen, hat jeder Mensch hat das Recht und vor allem die Freiheit, seine Leidenserfahrung funktional selbst zu gestalten und eigenständig auszuleben. Wir können anderen das Leid nicht nehmen, ebenso wenig vermögen wir, zuverlässig vorzugeben, wie sie sich des leidvollen Gefühls erfolgreich entledigen können. Bedeutsam für die Entwicklung von Resilienz ist – neben den drei oben genannten Kriterien – das Vorhandensein unserer »Schutzfaktoren« im Umgang mit unseren »Risikofaktoren«. Das Resilienzkonzept ist eng mit Schutz- und Risikofaktoren im Entwicklungsweg eines Menschen verknüpft.[48] Je mehr Risikofaktoren einem Menschen in seiner Entwicklung begegnen, desto größer ist die Wahrscheinlichkeit für ihn, sich eher negativ zu entwickeln. Das Vorhandensein von Schutzfaktoren kann die Risikofaktoren in Balance bringen. Schutzfaktoren sind beispielsweise Bezugspersonen beziehungsweise soziale Beziehungen, personale Schutzfaktoren wie Temperamentmerkmale und die eigenen bislang erworbenen Kompetenzen.

Wir kennen alle das Gefühl, wie schön es sich anfühlt, allein zu wissen und darüber nachzudenken, dass da jemand ist, der uns wertfrei annimmt und uns emotional stützt. Beziehung ist in der Resilienzforschung unverzichtbar. Die bekannteste Resilienzstudie, die »Kauai-Studie« (1955), wurde von der Entwicklungspsychologin Emmy Werner und ihrer Kollegin Ruth Smith auf der Insel Kauai, Hawaii, mit Proband*innen über eine Zeitspanne von 40 Jahren durchgeführt. Bei der Kauai-Studie wurden 698 Kinder untersucht, die als »High-Risk-Children« eingeordnet wurden, weil sie verschiedenen und mehreren Risikofaktoren ausgesetzt waren wie beispielsweise Armut, pränatalen Komplikationen und/oder psychischen Erkrankungen im Elternhaus.

Beispielsweise kann ein Elternteil mit einer psychischen Erkrankung wie einer Depression ein Risikofaktor sein, da diese die Fähigkeit und die Wahrnehmung des betroffenen Elternteils beeinflussen können, eine gesunde und stabile Beziehung aufzubauen. Das Kind lernt von Geburt an nicht verbal, non- oder paraverbal emotional ausreichend befriedigt zu werden, auch wenn dies vom erkrankten Elternteil anders gewollt ist. Infolgedessen kann es sein, dass das Kind nicht in der Lage ist, in der gleichen Weise mitzuschwingen, wie wenn man an einer Depression leidet. Psychische Erkrankungen lassen die Beziehungsgestaltung und den -aufbau zum Kind erschweren, dennoch bedeutet dies nicht zwangsläufig, dass das Kind keine Liebe oder Zuneigung erhält. Oftmals äußert sich die Liebe auf eine andere Weise, die für das Kind möglicherweise nicht leicht zu verstehen ist.

Risikofaktoren können aber gepuffert werden, dies postulierten auch die Studienergebnisse, dass Bindung, eine gute Beziehung zu einem anderen Menschen, ein bedeutsamer Puffer für Risikofaktoren ist: Zwei Drittel (201 Kinder) der »High-Risk-Children« zeigten im späteren Verlauf der Untersuchung psychische und oder gesundheitliche Einschränkungen, während sich ein Drittel (72 Kinder) als widerstandsfähig gegenüber jeglichen Herausforderungen und Belastungen entwickelten. Die resilienten Kinder waren erfolgreich in der Schule, sowohl sozial angepasst und kompetent als auch höflich im Kontakt, psychisch gesund und fokussierten sich auf Teamwork in einer Gruppe.[49] Diese Studienergebnisse verdeutlichten, dass resiliente Menschen außerhalb ihrer Kernfamilie gesunde Beziehungen pflegen, in denen sie sich emotional aufgehoben und verstanden fühlen.

Merke dir also: Eine gesunde Beziehung, das heißt eine Beziehung in der sich beide Parteien emotional wohlfühlen mit Respekt, gelungener Kommunikation und Konfliktlösestrategien, ein Schutzraum mit Vertrauen, ist ein bedeutsamer Schutzfaktor, vor allem im Umgang mit widrigen Situationen. Über unsere Bezugsperson(en) entwickeln wir eigene Kompetenzen und lernen diese kennen, weil jemand für uns da ist, die oder der an uns glaubt, uns nicht verurteilt und uns nicht unter Druck setzt.[50] In allen Resilienzstudien stand die Beziehung daher als primärer Faktor für die Entwicklung von Resilienz.[51]

Jedes Pro hat ein Contra: Das Contra zu den Schutz- sind die Risikofaktoren. Diese dagegen beschreiben jene Einflüsse, die einen negativen Einfluss auf die Schutzfaktoren haben können. Die Risikofaktoren können zu verschiedenen Entwicklungs- und Verhaltensrisiken führen, vor allem wenn sie früh im Leben von Kindern und Jugendlichen auftreten. Zu diesen Faktoren zählen beispielsweise Untergewicht bei der Geburt, Gewalt im familiären Rahmen, Armut in der Familie, Scheidung der Eltern, Obdach- beziehungsweise Wohnungslosigkeit, Flucht, Migration und Vertreibung, zu strenger oder vernachlässigender Erziehungsstil, psychische Erkrankungen im Elternhaus, traumatische Erlebnisse wie Kriegserfahrung und auch kognitive Beeinträchtigungen wie beispielsweise Intelligenzminderung.[52]

Jedoch ist wichtig zu betonen, dass Risikofaktoren häufig miteinander verbunden sind und sich gegenseitig beeinflussen. So kann die psychische Erkrankung eines Elternteils, zum Beispiel eine Depression bei der Kindesmutter, einen Risikofaktor darstellen, der möglicherweise mit (ungewollter) Vernachlässigung, unzureichender Bedürfnisbefriedigung im Kindesalter und weiteren Risikofaktoren einhergeht. Viele Entwicklungsaufgaben wie beispielsweise Krabbeln, Laufen und Sprechen sind universell, während andere wie der Schulbesuch sehr kulturspezifisch sind.[53]

Daher ist es umso bedeutsamer, dass wir eine Leidkultur entwickeln, sodass die gesellschaftlichen Regeln nicht so streng auf uns einwirken, nicht »lange« oder »adäquat« leiden zu dürfen. Unser soziales Umfeld hat nämlich einen größeren Einfluss auf die Bewertung unserer Risikofaktoren, als wir denken. Angenommen, Leid und lang anhaltende Niedergeschlagenheit nach einer Verlusterfahrung wären zeitunabhängig gesellschaftlich akzeptiert, würden wir uns bestimmt weniger emotional verschließen und in geringerem Umfang Schuldgefühle entwickeln, wenn wir leiden. Wir würden uns möglicherweise weniger zurückziehen, weil unsere persönlichen Leiden keine angemessene Anerkennung erfahren.

Demnach ist festzuhalten, dass Resilienzentwicklung den Umgang mit Leiderfahrungen und vor allem auch die Entwicklung von eigenen Kompetenzen mit dem empfundenen Leid involviert. Dabei geht man in sich, fokussiert sich auf die eigene Wunde und entwickelt beziehungsweise erlernt Strategien, um das Leid zu integrieren. Hierfür gibt es kein Manual, das dir ad hoc eine Patentlösung zur Überwindung deines Leids anbieten kann. Resilient zu werden bedeutet, das individuell empfundene Leid zu erkennen, Lösungen dafür zu entwickeln und diese zu erproben.

Insgesamt gehen wir heute von sechs Kompetenzen (bzw. Faktoren) aus, die die deutschen Resilienzforscher*innen Fröhlich-Gildhoff und Rönnau-Böse mittels 19 Langzeitstudien über Resilienz sowie der Auswertung zusätzlicher internationaler Reviews ermitteln konnten: Selbst- und Fremdwahrnehmung, Selbstwirksamkeit, soziale Kompetenz, Selbstregulation, Problemlösefähigkeit und aktive Bewältigungskompetenz, beziehungsweise Umgang mit Stress.[54] Diese Resilienzfaktoren entstehen vor allem in Interaktion mit dem Kind und dem Umfeld (d. h. Bezugspersonen) sowie durch die erfolgreiche Bewältigung der Entwicklungsaufgaben, die je nach Lebensspanne variieren.[55] Die sechs Kompetenzen können einen gesunden Umgang mit Krisensituationen sowie mit allgemeinen Entwicklungsaufgaben unterstützen.

Eine gesunde **Selbstwahrnehmung** beinhaltet ein Reflexionsvermögen. Dazu gehört, sich selbst sowie seine Gedanken und Gefühle einzuordnen und auch in Beziehung zu anderen zu setzen (Selbst- und Fremdwahrnehmung); außerdem wahrzunehmen, dass das, was man erlebt, wirklich passiert und welche Auswirkungen das für einen selbst und andere hat.

Fremdwahrnehmung bedeutet eine gesunde Wahrnehmung zum Gegenüber zu haben und sich in die Gefühle und Gedanken der anderen Person hineinversetzen zu können.

Vor allem die **Selbstwirksamkeit** ist ein unerlässlicher Faktor im Umgang mit Leiderfahrungen. Es ist eine wichtige Kompetenz, aus eigener Kraft und eigenem Antrieb etwas bewirken beziehungsweise verändern zu können, das dem als unkontrollierbar erachteten Leid entgegengesetzt werden kann. Man ist in der Lage, eigene Kompetenzen so einzuschätzen, dass man mittels dieser Kompetenzen an seinen Zielen festhält und darauf hinarbeitet.[56]

Habe ich einmal die Erfahrung gemacht, dass ich eine konfliktreiche Situation allein bewältigen, eine schwierige Prüfung bestehen oder ein bedeutsames Ziel erreichen konnte, ist die Wahrscheinlichkeit hoch, dass ich auch die nächsten Hürden erfolgreich bewältige. Selbstwirksamkeit ist ein grundlegender Baustein, der idealerweise bereits in jungen Jahren in privaten (Familie und Freund*innen) und öffentlichen Kontexten (Sozialisationsinstanz Schule) erprobt wird. Die eigenen Skills zu kennen und einschätzen zu können, wenn man vorher schon eine positive Erfahrung im Umgang mit Leiderfahrungen gemacht hat, ist vor allem in schwierigen Lebensphasen bedeutsam.

Mit **sozialer Kompetenz** ist gemeint, dass Menschen in der Lage sind, sich in widrigen Situationen an Bezugspersonen zu wenden, nach Hilfe zu fragen und hierüber die eigenen sozialen Fähigkeiten zu aktivieren.[57] Um adäquat mit Emotionen umgehen zu können, ist es fundamental, die eigenen Gefühle zu erkennen und sie auch in verschiedenen Situationen regulieren zu können. **Selbstregulation** meint hier das Regulieren eigener Gefühle, diese je nach Kontextualisierung zu kontrollieren, auszuhalten und Techniken im Umgang mit der Regulation zu erarbeiten. Die Techniken der Selbstregulation sind genauso individuell wie die Entwicklung von Resilienz. Dem einen hilft es beispielsweise, Sport zu treiben, um seine Gefühle zu regulieren, dem anderen hilft es, ab und an ein Glas Wein zu trinken, um sie zu verarbeiten. Ein Gläschen Wein mit der guten Freundin darf gelegentlich auch in Ordnung sein und sollte nicht sofort als negative Strategie betrachtet werden. Hier ist zu beachten, dass die Selbstregulation an Kriterien wie Angemessenheit oder Funktionalität orientiert sein sollte. Findet man beispielsweise im regelmäßigen und übermäßigen Sporttreiben, das beispielsweise zu Verletzungen führt, oder Alkoholmissbrauch eine vermeintliche Strategie zur Selbstregulation, kann diese Technik langfristig kaum als angemessen oder funktional erachtet werden. Das klingt sinnvoll, oder? Alles in Balance, um die Funktionalität nicht aus den Augen zu verlieren. Als funktionale Techniken werden diejenigen erachtet, die der Psyche und dem Körper guttun: (nicht übermäßiger) Sport, Atemtechniken, ausgewogenes Essen, Gedächtnisübungen wie Meditation, Lesen und so weiter.

Die **Problemlösekompetenz** meint, an den Zielen festzuhalten trotz der Hindernisse, die das Erreichen der Ziele verhindern könnten. Menschen mit einer erfolgreichen Problemlösekompetenz können Probleme nicht nur einschätzen, sondern sie auch für sich im Umgang mit der Zielrealisierung lösen, indem sie auch diese effektiv planen. Sie denken lösungs- und nicht defizitorientiert.

Eine **aktive Bewältigungskompetenz**, (bzw. »Umgang mit Stress«), bedeutet zum einen in widrigen Situationen, die oft stressig für Körper und Seele empfunden werden,[58] eine gesunde Auseinandersetzung mit ebendiesen Umständen zu finden. Dies geschieht, indem man Stresssituation nicht vermeidet, sondern diese aktiv erkennt und erfolgreich angeht. Zum anderen ist damit gemeint, die eigenen Grenzen im Umgang mit dieser Situation wahrzunehmen und zu schützen. Menschen mit einer gesunden aktiven Bewältigung von Stresssituationen konfrontieren sich mit dieser und sind, bei realistischer Einschätzung des eigenen Umgangs damit, auch in der Lage, Hilfe zu holen und nach Unterstützung zu fragen.[59]

Somit ist festzuhalten, dass resiliente Menschen in der Lage sind, sich und die eigenen Emotionen wahrzunehmen, die Emotionen einzuordnen und vor allem, sie auszuhalten. Wenn wir traurig sind, präferieren wir dieses Gefühl aus dem Spektrum unterschiedlicher Emotionen in den seltensten Fällen. Eine nachvollziehbare menschliche Erstreaktion im Umgang mit Trauer ist, diese wegzuschieben, loswerden zu wollen. Dennoch bedeutet das traurige Gefühl, dass wir leben und emotionalen Schmerz empfinden. Resiliente Menschen können das Gefühl der Trauer erkennen, einordnen und aushalten. Sie verfügen über Ressourcen, die ihnen die Möglichkeit bieten, nicht an der Trauer zu zerbrechen, sondern an ihr zu wachsen.

Dieses »Halte deine Gefühle aus!« ist eine reine Challenge. Jeder kennt's: Eine Emotion auszuhalten ist mitunter die schwierigste Herausforderung für uns. Manchmal hat man auch das Gefühl, beim Aushalten eines Gefühls daran zu ersticken, da dies bedeutet, dass ich bei mir bleiben muss. Bei mir bleiben bedeutet, die Emotion auszusitzen und nicht irgendein Accessoire zu finden, um diese zu betäuben. Für das Aussitzen brauche ich aber Strategien, daher müssen wir uns unsere »Coping-Skills«, unsere Bewältigungsstrategien, erst einmal erarbeiten, um die Emotion auszuhalten. Bewältigungsstrategien folgen keinem Schema F, sondern passen sich unserem Typus und unserer Persönlichkeit an. In der Psychotherapie arbeite ich mit verschiedenen Menschen mit unterschiedlichen Persönlichkeitsstrukturen, Ressourcen und Kompetenzen sowie diversen familiären Konstellationen zusammen. Sie erarbeiten alle für sich verschiedene Coping-Skills – zuweilen ein langwieriger Prozess.

Natürlich ist die Vorstellung schön und angenehm, wenn man einfach so ad hoc eine passende Strategie für Menschen mit Leidensdruck anbieten kann, aber so funktioniert es nicht. Es ist wichtig zu erkennen, dass angemessene Bewältigungsstrategien nicht einfach übertragen werden können, indem ich meine eigenen Bewältigungsfähigkeiten mit meinen Klient*innen oder der Welt teile. Jeder Mensch und jede Situation ist einzigartig, daher erfordert die Entwicklung von Bewältigungsfähigkeiten eine individuelle Herangehensweise. Um die passenden Coping-Skills zu erwerben, bedarf es viel Reflexion der eigenen Person: Was brauchst du? Welche Trigger kennst du? Was möchtest du erreichen? Was genau bist du bereit zu verändern?

Resilienz ist dein eigener Prozess.

LEID AUSHALTEN – EINE LEBENSLANGE CHALLENGE

Der russische Schriftsteller Fjodor Dostojewski schrieb einmal, Leid und Schmerz seien Voraussetzung umfassender Erkenntnis und eines tiefen Herzens.[60] Diese Ansicht vertrete ich ebenso, da mich mein Leid gelehrt hat, mein Leben zu verändern und mutiger zu werden. Weniger im Außen zu leben und mich mehr auf mich und meine Bedürfnisse zu fokussieren.

Leid ist ein Teil von uns, es fordert uns heraus, zwingt uns geradewegs dazu, uns und unser Leben besser kennenzulernen, um unser Leid erfolgreich zu überwinden. Dafür müssen wir Veränderungen schaffen, wie bereits erwähnt, vielleicht unser Umfeld überdenken, unseren Beruf hinterfragen, unsere tägliche Routine, da wir uns über Leiderfahrungen neu sortieren können. Es sind weniger die Glücksmomente, in denen wir das eigene Leben umdenken, sondern eher diejenigen, in denen es mal nicht so gut läuft. Uns wird eher klar, dass wir unsere Lebensdauer ernst nehmen sollten. Wir sind alle sterblich. Über Leiderfahrungen können wir eine Leichtigkeit im Leben erkennen, die uns dann herausfordert, unsere Entscheidungen zu überdenken, mutiger zu werden und unseren eigenen Weg zu gehen. Nach dem Motto: »Wie lebe ich eigentlich seit Jahren vor mich hin?«

Leid lässt uns spüren. Die Zeit, in der wir leben, ist nicht nur schnelllebig, sondern fordert viel. Das Private wird öffentlich gemacht. Wir gewähren allen Zugang zu unserem Leben. Da bleibt im Alltag nur wenig Zeit, um das gesamte Spektrum unserer Emotionen zu fühlen. Wir denken, dass allein Struktur und banale Routinen uns helfen, unsere Gefühle wahrzunehmen. Zum Beispiel entwickeln wir ein zwanghaftes Essverhalten von dem ständigen Kontrollieren unseres Essens, das uns vermeintlich gesünder denken lässt, wie wir unsere Essgewohnheiten und Ernährungsentscheidungen bewerten. Oft bewerten wir bestimmte Lebensmittel oder Ernährungsweisen als gesund oder vorteilhaft, auch wenn sie möglicherweise nicht die beste Option für unsere Gesundheit sind. Dies kann dazu führen, dass wir uns stark auf bestimmte Nährstoffe oder Diäten konzentrieren, ohne die Gesamtheit unserer Ernährung zu berücksichtigen. Als Folge könnten wir ein unausgewogenes Essverhalten entwickeln, das langfristig negative Auswirkungen auf unsere Gesundheit haben könnte. Es ist wichtig, eine ausgewogene und vielfältige Ernährung anzustreben, die auf individuellen Bedürfnissen und fundierten Erkenntnissen basiert. Natürlich ist gesundes Essen wichtig für unseren Körper – es ist aber bei Weitem nicht alles, um das Leid zu verarbeiten. Es ist ein Accessoire, welches hilfreich ist, das eigene Leid zu mindern, indem man sich etwas Gutes tut.

Wir externalisieren unser Leid und teilen es mit anderen in der Hoffnung, das Leid würde über das reine Mitteilen minimiert. Es kann aber passieren, dass je mehr Menschen in den eigenen Leidensprozess involviert sind, desto mehr Bewertungen erfährt dieser Prozess. Dies kann uns stark verunsichern, da wir auf externe Validierung, das heißt Bestätigung unserer Gedanken und Gefühle, setzen. Wenn wir leiden, haben wir eine besondere Stärke in uns, die zwar schmerzt und uns antriebslos macht, uns jedoch andererseits dazu antreibt, alles Unmögliche möglich zu machen. Diese Stärke lässt sich im Istzustand schwer in Worte fassen – aber die Ohnmacht, der wir unterliegen, verleiht uns neue Kraft, um im Leid die Motivation für neue Ziele, neue Wege und ein Gefühl des Fühlens zu finden. Wir leben hierüber bewusster, da uns über die Leiderfahrungen klar wird, dass die Gedanken ums Leben, die wir bisher geteilt haben, nicht so wichtig sind. Das Leben kann sich jederzeit negativ verändern. Dies bedeutet nicht, dass wir Leid benötigen, um Größe zu erlangen, jedoch entwickeln wir durch Leiderfahrungen die Ressourcen, um über das Leid (hinaus-) zu wachsen.

Das Leben hat trotz des Leides einen Sinn. Ich würde sogar behaupten, dass das Leben wegen der Leidenserfahrungen mehr Sinnhaftigkeit mit sich bringt, als wenn es sie nicht gäbe.

Wer Schatten kennt, schätzt das Licht anders. Wer Hunger kennt, schätzt Sättigung anders. Stell dir ein Leben ohne Leiderfahrungen vor! Dann wärst du jetzt nicht da, wo du jetzt bist, oder? Natürlich möchte niemand leiden, aber es gibt bestimmte Erfahrungen im Laufe eines Lebens, die unausweichlich sind und für viele Menschen Leid mit sich bringen wie beispielsweise der Verlust geliebter Menschen. Die Sinnhaftigkeit kann über schöne Erfahrungen, Erinnerungen oder auch die Akzeptanz des

Leidzustandes erfolgen. Leid ermöglicht mir, mich und mein Leben in seiner Sinnhaftigkeit viel besser kennenzulernen.

Dies erkannte auch der Medizinsoziologe Aaron Antonovsky. Er etablierte das bedeutsame Modell der *Salutogenese*, welche die Bedeutung psychosozialer Ressourcen und persönlicher Einstellungen für die Förderung von Gesundheit und Wohlbefinden betont. Sie geht ebenso auf die Fähigkeit des Menschen zur Anpassung und Resilienz gegenüber Stress und Belastungen ein. In den Siebzigerjahren interviewte er Frauen, die während der NS-Zeit in Konzentrationslagern gefangen gehalten worden waren, zu den Wechseljahren. Es ging ihm primär um die physische statt der psychischen Gesundheit der Frauen. Überraschenderweise entdeckte er über seine Befragung, dass viele Probandinnen weder psychisch noch physisch unter den Erinnerungen an die Zeit in den Lagern litten.[61] Sie waren physisch und psychisch gesund. Antonovsky wandte sich von der pathogenetischen (Gesundheit und Krankheit betreffenden) Denkweise ab und erforschte stattdessen, wie Menschen es schaffen können, trotz widriger Umstände gesund zu bleiben.

Auf Grundlage seiner Interviews forschte Antonovsky weiter und entwarf schließlich das Modell der Salutogenese. Darin beschrieb er die Eigenschaft des *Kohärenzgefühls*, das den Menschen im Kontinuum zwischen Gesundheit und Krankheit hält. Hierbei hilft das Empfinden von 1. Verstehbarkeit, 2. Handhabbarkeit und 3. Sinnhaftigkeit.

1. **Verstehbarkeit** bezieht sich ausschließlich darauf, wie gut wir neue Informationen kognitiv verarbeiten und in einen Zusammenhang bringen können.
2. **Handhabbarkeit** meint, dass man davon ausgeht, die Situation lösen zu können, und beschreibt den Umgang mit Situ-

ationen, diese – wenn auch nur minimal beispielsweise über hoffnungsvolle Gedanken – beeinflussen zu können.

3. **Sinnhaftigkeit** ist eine Eigenschaft, die Menschen einen Sinn sowohl in guten als auch in schlechten Zeiten erkennen lässt. Menschen, die eine Sinnhaftigkeit im Umgang mit widrigen Situationen empfinden, erleben diese hoffnungsvoller.[62]

Nach Antonovsky schweben wir immer in einem Kontinuum zwischen Gesundheit und Krankheit: »Wir sind alle terminale Fälle. Aber solange wir einen Atemzug Leben in uns haben, sind wir alle bis zu einem Grad gesund.«[63] Mittels des Kohärenzgefühls schweben wir in einem Gleichgewicht von den Eckpunkten Gesundheit und Krankheit. Ich selbst tue das zum Beispiel, indem ich mittlerweile eine gewisse Nostalgie mit meinen Leiderfahrungen verbinde. Ich ertappe mich dabei, wie ich darüber schmunzle, unabhängig davon, ob ich die Situation lösen konnte oder nicht. Diese Situationen, in denen ich Leid erfahren habe, formten mich zu dem Menschen, der ich heute bin. Der Erfahrungsreichtum, den ich durch die Leiderfahrungen gewann, macht mich stolz und menschlicher. Ich gebe dem Leid einen Sinn. Stolz bin ich darauf, dass ich heute hier bin und versuche, es besser zu machen. Ich habe mich vom Außen freigemacht, dass mir lange Zeit zuschrieb, wie ich zu fühlen habe oder meine Gefühle nicht gut genug seien. Das Freimachen wäre ohne meine Leiderfahrungen nicht möglich gewesen. Es hat sich alles verändert aber im Leben gibt es immer wieder eine neue Saison, die wir durchlaufen. Tatsächlich bin ich resilienter geworden.

Leid ist Betrachtungsweise

Der Umgang mit schwierigen Situationen ist oft abhängig von der Art, wie wir diese Situationen betrachten. Wie bereits erwähnt, integrierte Antonovsky den Begriff der Handhabbarkeit, der das Vertrauen in die eigenen Ressourcen in einer Krisensituation impliziert. Nehmen wir die Covid-19-Pandemie als ein relativ aktuelles Beispiel: Neben der Angst vor Ansteckung, der Entfremdung des gesellschaftlichen Miteinanders, der plötzlichen Einsamkeit oder auch finanziellen Problemen konnten wir feststellen, dass wir nicht davon ausgehen, das Leben würde plötzlich mit Leiderfahrung an unsere Tür klopfen. Viele Lebensläufe wurden während der Pandemie auf die eine oder andere Weise unterbrochen. Für viele Menschen waren die Einschränkungen psychisch sehr belastend. Einige von uns mussten aus dem Nichts ökonomische Beeinträchtigungen durchleben und waren darüber hinaus gezwungen, Zeit mit sich selbst zu verbringen. Die sozialen Einschränkungen waren nicht angenehm, dennoch konnte man diese, je nach Betrachtungsweise, auch angenehm verleben.

Wie schwer das Leben unter Pandemiebedingungen war, habe ich selbst gemerkt. Der Bruch mit den üblichen Gewohnheiten setzte auch mir zu, jedoch kam ich an den Punkt, an dem ich begann, die Zeit der Isolation zu nutzen, um mich noch näher kennenzulernen und Ressourcen zu erkennen, die mir bis dato unbekannt waren. Fragen kamen auf wie: Was möchte ich vom Leben? Wie habe ich vorher gelebt und warum mache ich das, was ich mache? Welche Erwartungen habe ich vom Leben? Wie bin ich mit diesen vielen Belastungen im Leben umgegangen?

Tatsächlich entstand die Idee zu diesem Werk ein paar Wochen vor der Pandemie, und das Erleben neuer Leidsituationen mit meinen Interviewpartner*innen half mir im Umgang mit meinem Leidmanagement. Die Interviews ließen mich lernen und leben. Mit Leiderfahrungen konfrontiert zu werden, gab mir Hoffnung und Inspiration, dass Leid nicht immer das Ende des Lebens bedeuten muss, sondern auch als Beginn eines neuen Lebensabschnitts betrachtet werden kann. Im Leben gibt es keine Situation, die nicht bewältigt werden kann, wenn unser inneres Gummiband flexibel genug ist.

In der Situation, in der wir leiden, fragen wir uns oft: »Wann hört das auf?« Vor allem beschäftigt uns das Gefühl, das wir nicht benennen können. Die Schwere, der Schmerz, die Ohnmacht. Jede und jeder, die oder der gelitten und versucht hat, mittels verschiedener Techniken Leid auszuhalten, wird bestätigen, dass es die schlimmste Aufgabe unseres Lebens sein kann. Leid auszuhalten ist eine Last, ein Ballast, der sich nicht in Worte fassen lässt. Eine Ohnmacht, eine Angst, eine tiefe Trauer und zugleich eine Wut. All das muss man aussitzen. Leid auszuhalten bedeutet, all diese ambivalenten Gefühle neben- und miteinander anzunehmen. Wir müssen spüren.

Bei der Leidverarbeitung geht es im ersten Schritt nicht um die Erkenntnis, sondern um die passiven, aggressiven und erdrückenden Gefühle, die wir schnellstmöglich loswerden wollen. Erkenntnis folgt niemals zu Beginn. Im Gegenteil: Wir können Leid erst einen Sinn zuschreiben, wenn wir die Passivität verlassen und aktiv in die Trauerverarbeitung gehen. Dazu bereit sind wir eigentlich nie, denn da fängt die Arbeit mit unserem Selbst an. Das Reflektieren des Schmerzes, um zur Erkenntnis zu gelangen.

Man kann Leiderfahrungen mit frischen Wunden vergleichen. Je nach Beschaffenheit der Wunde und der darauffolgenden Versorgung hinterlassen manche Wunden Narben, die fortan ein Teil von uns sind. Narbengewebe, das in der Medizin als Ersatzgewebe bezeichnet wird, bleibt sichtbar und erinnert uns an die einstige Wunde. Jede Leidenssituation fügt uns eine neue Wunde zu. Der Kommunikationswissenschaftler Schulz von Thun spricht vom »Kerbenprofil«.[64] Ich mag das Bild der Kerben, die sich im Laufe des Lebens in unserem Körper bilden. Im späteren Leben können sie durch gewisse Begegnungen mit Menschen, Situationen oder Erfahrungen getriggert werden. Diese Kerben sind Zeugnisse einstiger Wunden, die uns trotzdem nicht zwingend bewusst sind. Bei den Triggern handelt es sich demnach um unbewusste oder auch verdrängte Wunden.[65]

Das Bild der Kerben im Körper eines Menschen finde ich passend in Bezug darauf, was wir eigentlich alles erfahren. Einige von uns erleben bereits im Kindesalter emotionalen Schmerz, der uns prägt und fortan unser Denken und Handeln mitgestaltet. Das kann Schmerz sein, der aus der elterlichen Erziehung resultiert, da man uns nicht genügend Liebe und Zuneigung entgegenbrachte. Oder Schmerz über andere kränkende, verletzende oder enttäuschende zwischenmenschliche Erfahrungen. Auch die ersten schlechten Zensuren können Kerben verursachen. Welche Erfahrungen Kerben hinterlassen, hängt – du kannst es dir vielleicht schon denken – von individuellen Faktoren ab.

So steht fest: Leid auszuhalten und zu integrieren ist sicherlich eine der langwierigsten und anspruchsvollsten Aufgaben unseres Lebenslaufs, denn wir müssen unsere Kompetenzen über das Leiden stetig (neu) entdecken. Wir wollen insgeheim, dass das Leid schnell weggeht, nicht dableibt, ganz weit weg ist. Doch unser Leid ist keine einmalige Sache, es ist nicht kurzzeitig, sondern langfristig. Daher sage ich realistisch und ohne Ratgebertipps: Das Gefühl der Leere und der Schmerzen wird lange bei uns bleiben.

Unseren Schmerz möchte ich »die Qualen des Sisyphos« nennen. Sisyphos, die bekannte Figur der griechischen Mythologie, hat ein göttliches Geheimnis verraten und wurde daher von den Göttern für seine Taten dazu verurteilt, auf ewig einen Fels den Berg hochzurollen. Kurz vor seinem Ziel entgleitet ihm der Fels jedes Mal, sodass er dazu verdammt ist, erneut zu beginnen. Tatsächlich ist aber auch eine andere Betrachtungsweise möglich. Indem Sisyphos nicht aufgibt und das Leiden seiner Verurteilung annimmt, hält er es aus, dass der Stein immer wieder hinunterrollt. Er integriert seinen physischen und vor allem psychischen Schmerz Tag für Tag, um nicht aufzugeben. Sisyphos integriert sein Leid.

»Wir müssen uns Sisyphos als einen glücklichen Menschen vorstellen«,[66] so der französische Schriftsteller und Philosoph Albert Camus. Man kann trotz und mit Schwere Glück empfinden, wenn man die Schwere akzeptieren lernt, sich nicht dagegen wehrt und integriert. Es gibt unter uns viele Menschen wie Sisyphos, die das Leid austragen, aushalten, mit dem Leid leiden, weitermachen und das Leid integrieren. Wir haben keine Wahl, außer uns mit dem Leid zu konfrontieren und es früh genug integrieren zu lernen. Selbstwirksamkeitserfahrung zu erleben bedeutet, trotz Hürden an den eigenen Zielen festzuhalten. Wir fallen oft, wir leiden selten.

Je mehr wir annehmen und akzeptieren, dass wir Leid mehrfach begegnen werden, desto leichter wird es uns fallen, mit den Widerständen umzugehen. Ich verbinde es mit dem Wort Integration und nicht einem Eskapismus, also mit keiner Realitätsflucht. Es bringt auch nicht lange etwas vor der eigenen Realität zu fliehen, denn diese kommt immer wieder zu uns zurück. Ein sogenannter Bumerangeffekt unserer vermeintlich negativen Gefühle, die wir ablehnen und zu uns zurückkommen. Also daher weniger träumen und dennoch Hoffnung haben, das ist eine schöne Balance, um das Leben für sich realistischer zu gestalten. Wir leben alle gerne in einem Schloss voller Träume und Wünsche, jedoch bedarf es auch der Integration der Schattenseiten. Dem gegenüber steht unser Eskapismus, mit dem wir unsere Realität verzerren und vor Leid flüchten. Wir wollen Leid vermeiden. Im (gesellschaftlichen) Alltag möchten wir meistens keine unbequeme Realität um uns haben, aber trotzdem ist sie da. Wir sehen sie in den Nachrichten und schalten einfach um, wenn es uns zu viel wird. Trotzdem holt die Realität uns schnell ein. Überall sind Darstellungen des Leids.

Fragt man mich, so sehe ich den Anstieg psychischer Erkrankungen – neben Leistungsfixierung, Ranking-Strukturen, Digitalisierung und vielen weiteren machtvollen Einflüssen – vor allem im Umgang mit der Verblendung von Leiderfahrungen. Wir tun alles Mögliche, um bloß nicht das eigene Leid zu empfinden und uns schnell davon abzuwenden. Das machen wir so lange, bis wir tatsächlich eine Seifenblasenrealität als *die* Realität erachten.

Natürlich kann es auch nicht *die* Realität geben, dennoch meine ich, dass wir uns aktiv davor drücken, was gerade in unserem Leben passiert. Die Gefühle außerhalb der Seifenblase werden dabei komplett kaschiert und mit unechten gesellschaftlich akzeptierten Emotionen überspielt. Die Wahrheit aber ist: Wir können es nur so lange überspielen, bis das Leid unabwendbar anklopft. Leid ist unabwendbar, weil es zum Leben dazugehört. Leben bedeutet auch leiden. Freude und Leid gehören dazu.

Wir kennen viele Figuren aus Film und Fernsehen, die ihren emotionalen Schmerz produktiv für sich nutzen können, sich über die Leiderfahrungen besser kennenlernen und bewusster werden – wie zum Beispiel Forrest Gump in meinem Beispiel zu Anfang des Buchs. Wir sprechen von resilienten Persönlichkeiten. Jedoch kann nicht jeder Mensch unmittelbar Leid für sich produktiv umwandeln. Wir sind alle unterschiedlich in unserer Leidverarbeitung, dennoch verbindet uns genau die eine Sache: Wir alle erleiden einmal oder mehrmals im Leben verschiedene Leiderfahrungen, die uns zum Weglaufen verleiten, wie auch Forrest Gump es mehrmals erlebt.

Leid ist ein Gefühl, das man sich nicht wirklich aussuchen kann, ergo bedeutet es die Abwesenheit einer freien Wahl. Aber ich kann meine Perspektive verändern und über den selbst erwählten Umgang mit meinem Leidempfinden ein Gefühl von Freiheit erfahren. Über die Annahme der Leiderfahrung entsteht ein Diskurs des Freiseins, ein Diskurs der Freiheit: Ich kann leiden und trotzdem frei sein.

LERNEN VON PICASSO: WEGE DER LEIDBEWÄLTIGUNG

Den Künstler Pablo Picasso kennen wir wohl alle. Seine Kunst ist eng mit persönlichen und biografischen Eindrücken verknüpft. Wusstest du aber, dass seine weltberühmte Kunstreihe *Blaue Periode* durch den Suizid seines engen Freundes Casagemas geprägt wurde?[67] Über die leidvolle Erfahrung, den tragischen Suizid seines Freundes, entwarf er *Evokation – Das Begräbnis Casagemas* (1901), ein Werk mit dem er den Selbstmord verarbeitete und das seine blaue Periode prägte.

Den Schmerz verlagerte er in seinen Pinsel, in die Farbe Blau. Blau kann für Hoffnung, Klarheit und Treue stehen. Er nutzte in diesem Werk viele Blautöne, um die Themen der Einsamkeit und Trauer darzustellen. Picassos Pinsel (über)trug Leid: *La Vie* (1903) zeigt seinen Freund Casagemas mit seiner Geliebten Germain, die keine Kinder bekommen konnte. Daneben eine Frau mit Baby im Arm, die den Wunsch des Paares abbildet. Im Hintergrund ist ein leidvolles Paar dargestellt, verkrümmt und ineinander verschlungen. *La Vie* verkaufte sich schnell und gilt nicht umsonst als eines der bekanntesten Meisterwerke von Picasso. Sein Leid und seine Fähigkeit zu malen ermöglichten ihm nicht nur, sein tiefes Leid zu bewältigen, sondern auch den Schritt auf den Kunstmarkt zu machen. Picasso wuchs persönlich und beruflich mit Leid. Ich habe die Theorie, dass wir sehr viel aus den Lebenserfahrungen anderer lernen können. Seit meinen Teenagerzeiten haben mich sehr viele Beispiele aus der Kunst, Musik und Literatur begleitet, welche die motivierenden Effekte von Leiderfahrungen nachvollziehbar machen. Dabei habe ich mich an diesen Künstlern, Musikern und Autoren orientiert, weil sie mir aufgrund ihrer individuellen Lebensformen, Lebensgestaltung und Lebenshaltung Vorbilder waren.

Jeder hat seine eigenen Vorbilder. In der Kunst wird die Welt von außen betrachtet. Die unterschiedlichen Strömungen und Epochen wie Expressionismus, Impressionismus, Kubismus usw. verdeutlichen, dass es nicht die eine Wahrheit gibt. Folglich war es die Kunst, also auch Fotografie, Musik und Literatur, in der ich immer die Freiheit und Offenheit fand, leiden zu dürfen. Es ist ein Bereich, der mich nicht nur frei macht, sondern mir ein Gefühl von Akzeptanz vermittelt, da es kein Richtig oder Falsch gibt.

Neben der Kunst, die uns über die Augen erreicht, ist für mich und viele andere auch die Kunst des Schreibens eine wichtige Bewältigungsstrategie für emotionalen Schmerz. Das Schreiben, insbesondere das Führen eines Tagebuchs, ermöglicht es uns, unsere Gedanken und Gefühle zu verarbeiten und neue Einsichten zu gewinnen. Es hat die heilende Kraft, uns von unseren innersten Gedanken zu befreien. Papier ist geduldig und nimmt jeden Gedanken ohne Wertung auf. Ein inspirierendes Beispiel für mich und meinen Umgang mit meinen Verlusterfahrungen ist die amerikanische Schriftstellerin Joan Didion, die in ihrem Buch *Das Jahr magischen Denkens* den plötzlichen Verlust ihres Mannes verarbeitet und in ihrem zweiten Werk *Blue Nights* sich dem Verlust ihrer Tochter Quintana widmet. Sie beschreibt, wie das Leben plötzlich stillzustehen schien, als ihr Mann beim gemeinsamen Abendessen einen Herzinfarkt erlitt, und den Kontrollverlust, den sie nach seinem Tod empfand.

Didion zeigt aus erster Hand auf, dass Verluste in verschiedenen Formen auftreten können und dass das Leben trotz dieser Erfahrungen weitergehen kann, wenn man es zulässt. Sie hat am eigenen Leib erfahren, dass man niemals zweimal auf dieselbe Weise trauern kann, da jeder Verlust einzigartig ist. Ihre ehrlichen und schonungslosen Beschreibungen zeigen, dass das Leben trotz des Schmerzes und der Trauer weitergeht, und dass es möglich ist, trotz Verluste neuen Mut zu schöpfen. Leid war ihr steter Begleiter, welchen sie transparent über ihre Bewältigungsstrategie des Schreibens verarbeitete.

Joan Didion war für mich stets eine Inspirationsquelle, die mich daran erinnert, dass Verluste plötzlich auftreten können und wir ihnen machtlos gegenüberstehen. Trotzdem betrachtete ich dies nicht mit Pessimismus – vielmehr verlieh mir ihre Schrift Hoffnung und das Gefühl, dass ich nicht allein bin. Sie zeigte mir, dass man Leid annehmen kann und für sich zeitunabhängig leiden darf.

Viele traurige Dinge widerfahren uns. Es gibt mir Kraft, zu wissen, dass ich nicht allein bin. Mich an einer Frau zu orientieren, die ich seit Jahren wegen ihrer grandiosen Bücher und ihres aufregenden Lebensstils bewunderte, half mir in den dunkelsten Stunden meines Lebens.

Eine weitere Inspirationsquelle ist für mich der Musiker Nick Cave. Er zeigt, dass man Leid produktiv, künstlerisch, musisch adressieren und verarbeiten kann. Erinnerst du dich noch an sein Lied aus den Neunzigern »Where the Wild Roses Grow« mit Kylie Minogue und der Band The Bad Seeds? Nick Cave hatte kein einfaches Leben. Er atmete seinen Schmerz über die Musik und seinen Drogenkonsum hinweg. Cave verlor seine beiden Söhne tragisch: Arthur fiel im Alter von 15 Jahren von einer Klippe und starb. Caves Sohn Jethro verstarb im Alter von 31 Jahren.

2018 führte Cave die Website *The Red Hand Files* inklusive Newsletter für seine Fans ein. Über diese Kanäle gibt er Fans die Möglichkeit, Fragen über das Leben und vor allem zu den eigenen Leiderfahrungen zu stellen. Es hat eine psychotherapeutische, freie Komponente, Menschen die Möglichkeit zu geben, mit ihm ihren Schmerz zu teilen, und er reagiert sogar darauf. Cave kennt emotionalen Schmerz, doch statt diesem zu entfliehen, macht er seine Erfahrungswerte für Fans, Interessierte und Ratsuchende wirksam. Das ergibt auch vollkommen Sinn. Wer kann einem besser mit Leiderfahrungen helfen als jemand, der schon gelitten hat?

Kevin aus Belfast, Irland, teilte seine persönliche Geschichte mit Nick Cave und erzählte von einer traumatischen Erfahrung: Er hatte vor einigen Jahren seinen Vater verloren und war durch viele Tiefphasen gegangen. Cave antwortete einfühlsam und wies darauf hin, dass das Leben manchmal traurig sein kann – sei es durch einen bewegenden Film oder ein Lied im Radio, das uns zum Anhalten zwingt.[68] Wir alle tragen Narben, die uns Schmerz zufügen und uns daran erinnern, dass wir am Leben sind. Cave betont, dass niemand dem Leid entkommen kann, da wir alle Reserven an Trauer haben. Bei Cave werden keine Tipps gegeben, sondern vielmehr wird zugehört und das Gefühl vermittelt, dass es in Ordnung ist, so wie es ist.

Psychologisch betrachtet hat Nick Cave mit seinem Newsletter bei mir und vielen weiteren Fans die sozial-kognitivistische Theorie des kanadischen Psychologen Albert Bandura[69] angewandt: Diese besagt einfach ausgedrückt, dass wir am Modell lernen. Ich als Beobachterin dieses Newsletters lerne am Modell Nick Cave, da er ein Vorbild für mich ist, wie ich mit Leid umgehen und es integrieren kann. Am Modell lernen bedeutet grob vereinfacht, dass wir Verhaltensweisen von Modellen adaptieren, mit denen wir uns identifizieren: Eltern, Freunde, Vorbildern, Figuren aus Film und Fernsehen, etc. Ohne Identifikation mit dem Modell gibt es auch wenig Motivation, das Verhalten nachzuahmen oder zu integrieren.[70] Nicht immer muss es bei uns auch so gut funktionieren wie bei unserem Modell, dennoch gibt es uns Halt, und wir erlernen neue Verhaltensweisen.

Klar, nicht jede Bewältigungsstrategie, die du bei anderen beobachtest, hilft dir genauso gut, aber du kannst von anderen lernen, dich inspirieren lassen, dir hier und da etwas abschauen und es für dich abwandeln. Es ist wichtig, dir verschiedene Bewältigungsstrategien auszusuchen, zu entdecken, was dir mehr und was dir weniger guttut, und dann herumzuexperimentieren. Ich habe mir immer Menschen, Vorbilder, ausgewählt, die ich bewunderte, und mir Verhaltensweisen abgeschaut, die ich für wichtig erachtete. Rückblickend waren das oft Bewältigungsstrategien, vor allem bei Menschen, die buchstäblich durch die Hölle gegangen sind. Indem ich mir etwas bei ihnen abschaue, kann ich mir selbst helfen.

Dir hilft es sehr, wenn du für dich lernst, offener mit deinen Bewältigungsstrategien umzugehen und dich dadurch auch besser kennenzulernen.

Mir hilft daneben noch das Fotografieren, vor allem um in schwierigen Situationen abzuschalten, oder auch um diese über meine Fotografien zu verarbeiten. Ich sehe manchmal Gegenstände, Objekte oder auch Naturphänomene, die mit mir und meinem Leben zu tun haben, und die andere gar nicht wahrnehmen. Seit vielen Jahren fotografiere ich die Hände mir unbekannter Menschen, bevorzugt in Paris, während ich Metro fahre. Ich weiß bis heute nicht, warum Hände mich so faszinieren. Die Haut, die Adern, die Hautfarbe, die Pigmentierung, die Falten oder auch die Jugend der Hände erzählen mir zahlreiche einmalige Lebens- und Leidensgeschichten. Eine Fotografie lässt sich immer wieder reproduzieren – für den menschlichen Lebenslauf gilt das nicht. Wir machen zwar alle ähnliche Situationen durch, doch ist die Variation der Farbnuancen im Kunstwerk der Biografie einzigartig, nicht beschreibbar und nicht wiederholbar. Diese ist einmalig in ihren Farben, Mustern und/oder Materialien.

Hast du dir schon mal überlegt, was dir guttut, wenn du leidest?

Viele Menschen durchleben leidvolle Erfahrungen und deklarieren diese nicht als Pein, sondern Nutzen diese als Möglichkeit der Veränderungen und Inspiration. Leid als ein tiefer Ballast kann dich motivieren, das Unmögliche für dich möglich zu machen. Dieses zähe Gefühl betäubt unsere Sinne manchmal so stark, dass wir aus diesem Gefühl heraus wachsen. Wir werden mutiger, weil wir leiden. Leid kann uns betäuben und gleichzeitig unsere Augen öffnen.

Als ich mich mit dem Leidensdiskurs beschäftigte, habe ich an die Mehrdimensionalität von Werdegängen gedacht. Sie zeigten mir, dass Leiderfahrungen und Resilienz ein Kontinuum bilden. Dies bedeutet, dass es nicht nur die Resilienz als Resultat gibt, sondern dass die Leiderfahrungen implizieren, was uns zur Resilienz hinführen muss. Viele unserer Vorbilder haben Schreckliches erlebt. Sie haben ebenso gelitten und sind gestärkt daraus hervorgegangen. Die Vorbilder zeigen uns, dass es möglich ist, Leid mithilfe eigener Kompetenzen zu integrieren und mit dem Leid zu leben.

Das »Wie gehe ich mit Leid um« ist immer subjektiv ausgelegt, aber es geht weiter. Es gibt bei menschlichen Gefühlen, vor allem wenn wir leiden, keine einheitliche Lösung, da wir alle einzigartig und unterschiedlich facettenreich sind. Achtsam mit sich sein bedeutet zu fühlen, was ich brauche und was mir guttut. Eine besondere Form der Selbstfürsorge ist nicht nur Zitronenwasser und Sport, sondern vielmehr für dich herauszufinden, was du emotional brauchst, um in der Situation emotional zu »überleben«. Dass du dich an Personen orientierst, kann dir helfen, in schwierigen Zeiten Inspiration zu suchen und dir immer wieder vorzuhalten: »Wenn X es geschafft hat, schaffe ich es auch«.

Es macht Mut und verleiht eine realistische Stärke, sich auf Menschen zu fokussieren, die das Unmögliche möglich gemacht haben. Jemand hat dir sozusagen vorgelebt, dass es möglich ist. Ich frage mich sehr oft, ob die zuvor genannten Personen ohne ihre Leiderfahrungen die Künstler*innen geworden wären, als die sie berühmt wurden. Es sind Beispiele und Biografien wie diese, die mir immer wieder zeigen, dass Leid nicht nur motivieren kann, sondern dass es ein Leben nach dem Leid oder mit diesem geben kann.

Leidbewältigung kann über das Lernen am Modell und über deine eigenen Fähigkeiten verbunden werden. Zu schauen, wie es eine andere Person durchlebt hat, kann dir eine neue Sichtweise im Leidzustand eröffnen. Es wird dir nicht genauso helfen wie der anderen Person, dennoch ist es ein gesunder Anreiz, das Leiderleben anderer zu beobachten und für dich zu reflektieren, ob du es genauso oder anders versuchen möchtest. Denn bist du im Leid gefangen, können sich deine Fähigkeiten neu aufdecken und dich antreiben, an diesen festzuhalten.

Orientiere dich an Vorbildern, deinen Eltern, Freunden oder fiktive Figuren aus Film und Fernsehen, die das alles bewältigt haben, was du ebenso erlebt hast. Sei realistisch mit deinen Bewältigungsstrategien und bleib lieber bei realistischen Lebensgeschichten als dem Druck ausgesetzt zu sein, nach irgendwelchen Schritten zu »heilen«.

Du kannst dich über die Geschichten und die Bewältigungsstrategien anderer selbst reflektieren und ebenso die Freiheit empfinden, dass wir alle im selben Boot sitzen, auch wenn es gesellschaftlich größtenteils tabuisiert wird. Es gibt kein »perfektes Schema« zu heilen, wie es die Künstlerin Louise Bourgeois schon in ihrer Kunststrickerei etabliert, hatte.: *»Ich bin in die Hölle gegangen und zurückgekommen. Lasst mich euch sagen, dass es wundervoll war.«*[71] Ihre Betonung der Leidenschaft und des Durchdringens der persönlichen Hölle als Teil des Heilungsprozesses ist eine starke Aussage. Sie erinnert daran, dass Heilung oft mit Schmerz verbunden ist und dass es kein einheitliches Schema dafür gibt, wie Menschen ihre Wunden überwinden. Du erkennst allein an diesem Satz, dass es normal und menschlich ist, mal nicht funktionieren zu müssen, zu leiden und zu fühlen. Resilienz entsteht nicht von jetzt auf gleich.

Ich könnte dir noch zahlreiche weitere Beispiele nennen und ausführen, nur möchte ich dich im nächsten Kapitel an die Hand nehmen und dir weitere lebensnahe Beispiele von resilienten Menschen zeigen, die ich für dieses Buch interviewt habe. Menschen, an denen wir am Modell über Leidverarbeitung lernen können. Menschen, die ihre Dämonen kennengelernt und mit ihnen getanzt haben.

Betrachte deine Vorbilder als Inspirationen,
die dich selbst in den stürmischsten
Gewässern des Lebens Standhaftigkeit lehren.

4

TANZ MIT DEINEN DÄMONEN – WAS WIR VOM LEIDEN ANDERER LERNEN KÖNNEN

Nicht jede Episode unseres Lebens hat ein Bilderbuchende. Und auch wenn Hermann Hesse Gegenteiliges behauptet, würde ich nicht sagen, dass jedem Anfang ein Zauber innewohnt. Was mich betrifft, muss ich festhalten, dass viele Etappen meines Lebens bereits unschön begannen oder zumindest so endeten und mich voller Trauer und Wut zurückließen.

2023 war für mich ein Jahr voller Leiderfahrungen und aufgestauter Gefühle. Da gab es einiges. Wir alle waren in diesem Jahr erschlagen von plötzlich ansteigenden Gaspreisen, dem Krieg in der Ukraine, dem Aufstieg politischer Parteien wie der AfD. Der Krieg in Israel und Gaza erschütterte mich wie auch viele andere Menschen. Das Leid war sehr präsent in den Medien und es war überall. Die Bilder von den verstorbenen Kindern, die dem Krieg unterlegen waren, verfolgen mich bis heute.

Gerade über Leiderfahrungen, die 2023 auf mich und die Menschen um mich herum einprasselten, habe ich mein Leben stärker hinterfragt. Ich gebe zu, das klingt alles andere als erheiternd. Aber indem ich meinen eigenen persönlichen Leiderfahrungen, ebenso derartiger medialer Gewalt, Unmenschlichkeit und Hetze immer mehr ausgesetzt war, lernte ich besser, mit meinen Dämonen zu tanzen.

Mit den Dämonen (ein Bild für Wunden) tanzen heißt: Ich habe gelernt, meine negativen Emotionen anzuerkennen und zu verstehen, welche Gedanken diese Gefühle hervorrufen, die mich runterziehen möchten. Ich habe aufgehört, sie zu unterdrücken, sondern mich bewusst darauf eingelassen. Dazu habe ich beispielsweise öfter meditiert, um meine Gedanken bewusster wahrzunehmen, und mehr Zeit allein verbracht, um meine Gedanken auf Papier zu bringen.

Wir alle kennen das Gefühl, plötzlich schlecht drauf zu sein, weil eine schmerzhafte Erfahrung unkontrolliert auftaucht und uns komplett runterzieht. Durch das Nichtwegschieben habe ich erkannt, dass ich noch zu unbewusst denke und eine Bewältigungsstrategie benötige, um mein Leid besser zu verarbeiten und nicht unbewusst darin zu versinken.

Ich besann mich daher auf eine Strategie, die mir immer schon guttat: die Kunst der Fotografie, denn darüber konnte ich in meinen Schmerz abtauchen und damit das Erlebte auf meine Art und Weise verarbeiten. Wenn ich fotografiere, bin ich frei. Egal wie viel Leid in mir ist: Verarbeite ich es über mein Auge, den Auslöser meiner Kamera und die damit verbundene Bearbeitung eines Fotos und schaue mir das Foto später an, dann verarbeite ich meine Gefühle, die ich im Moment der Aufnahme empfunden habe. Das ist bis heute eine meiner liebsten Bewältigungsstrategien im Umgang mit Leiderfahrungen.

Jeder hat für sich eigene Strategien, die hilfreich in Leidsituationen sind. Vielleicht helfen dir Sport, Kochen oder auch Reisen, um den emotionalen Schmerz aushalten zu lernen. Es müssen nicht primär externe Strategien sein. Auch das In-Stille-Sitzen oder Zeit mit dir allein kann dir helfen, das Leid auszuhalten. Jeder muss seinen eigenen Balsam für die Seele finden.

Manchmal kommen wir aber in Situationen, für die wir schlicht noch keine passenden Strategien entwickelt haben, um mit unserem Leid umzugehen, sodass sie uns fehlen, wenn wir sie am dringendsten bräuchten. Diese Situationen sind die schmerzhaftesten, da wir im Leid feststecken und jeder Versuch der Bewegung uns immer mehr in die Tiefe zieht wie im Treibsand. Hin und wieder verfolgen wir auch Strategien, die unser Leid nur langsam oder unzureichend verarbeiten, sodass die Leiderfahrung unbewusst in uns bleibt und schwelt. Diese ploppt auch nach Jahren immer wieder auf. Es ist ein wenig so, als entfernte man bei der Gartenarbeit nur den Teil des Unkrauts, der an der Oberfläche sichtbar ist. Die Wurzeln bleiben, und so kommt das Unkraut immer wieder an die Oberfläche, obwohl wir vielleicht sogar recht hart daran arbeiten, dass es verschwindet.

Es muss also darum gehen, das Leid an der Wurzel zu packen – ein Weg, den auch Carl Gustav Jung verfolgte. 1913 gab er seine Stelle als Dozent an der Universität auf, um neben seiner psychotherapeutischen Tätigkeit über das Unbewusste im Menschen zu forschen.[72] Er schrieb sinngemäß, dass ohne Leiden niemand bewusst wird.[73] Das bedeutet: Leid macht dich bewusster im Umgang mit dir selbst. Du lernst dich anhand deines Leides besser kennen, um schließlich zu erkennen, wie du eigentlich gestrickt bist und was du tatsächlich vom Leben willst. Um dies zu erkennen, musst du zunächst deine Dämonen kennenlernen, ihnen gut zuhören und mit ihnen tanzen lernen. Was ich damit meine, ist, dass wir unsere tiefsten Schattenseiten kennenlernen müssen, unsere eigenen Wunden, die nicht nur produktives Verhalten, sondern unproduktiv sind. Tief in uns allen stecken so einige Dämonen, mit denen man sich auseinandersetzen muss, indem man sein Verhalten und seine Gefühle zu hinterfragen lernt. Es gibt Situationen, in denen wir getriggert werden – ich weiß, es ist ein weiteres Modewort, aber tatsächlich ist das Triggern ein Auslöser, der reflexartig Denk- und Gefühlsprozesse in Gang setzt, durch die wir uns schlechter fühlen. Wir bemerken, dass sich etwas in uns verändert, wenn der Trigger auftritt. Wichtig ist es nicht in die Vermeidung zu gehen, das unerträgliche Gefühl des Triggers wegzuschieben, sondern dich damit auseinanderzusetzen. Ich weiß einfacher gesagt, als getan. Sobald du diesen Schritt gegangen bist, kommst du weiter und kannst besser verstehen, warum diese Trigger auftreten und wie du mit ihnen umgehen kannst. So wird der Prozess der Heilung erst in Gang gesetzt, der Leiden impliziert. Heilung ist immer eine Form des Leidens. Wenn ich herausfinden möchte, weshalb ich so schwere Emotionen erleide, wenn ich mit einer besonderen Person zu tun habe, dann muss ich mich erst an die eigene Nase packen. Das ist nicht so einfach, denn es impliziert die Selbstreflexion und das beinhaltet mein Leiden erstmals anzunehmen und dann aushalten zu lernen. Jung plädiert in seiner Psychologie dafür, Leiden sei ein wesentlicher Bestandteil unseres Lebens, dem wir zwar immer wieder auszuweichen versuchen, was aber nie ganz gelingen kann: »Wenn es jemand wenigstens erreicht, Leiden zu ertragen, hat er schon eine fast übermenschliche Aufgabe erfüllt.«[74]

Ich wünsche dir, dass dir dies gelingt, damit du deine Dämonen beim Tanz besser führen kannst. Dazu wird es viel Übung brauchen. Jedoch verspreche ich dir, dass sich vieles später einfacher anfühlen wird, wenn du dich an deine Dämonen traust.

Stell dir vor, du besuchst mit deinem/deiner Tanzpartner*in einen Salsa-Tanzkurs. Zu Beginn holpert es noch gewaltig, ihr tretet euch gegenseitig auf die Füße und seid genervt vom Herumgestolpere des jeweiligen Gegenübers. Ihr probiert alles Mögliche, werdet ungeduldig, möchtet sogar kurzfristig aufgeben – und irgendwann, wenn ihr bis dahin durchgehalten habt, beherrscht ihr die Grundschritte. Ihr lernt, Kontrolle abzugeben, euch auf die Rhythmik der Sache einzulassen und es auszuhalten. Und siehe da: Auf einmal wird alles leichter. Manchmal muss man sich führen lassen, um zu lernen, dass nicht alle Leiderfahrungen kontrollierbar sind. Wenn wir uns nicht gegen das Leid wenden, sondern lernen, es da zu lassen, dann dominiert es uns gedanklich und emotional weniger.

Ich erkläre es wissenschaftlich mit einer für mich sehr wichtigen Form der Verhaltenstherapie: der *Acceptance and Commitment Therapy* (ACT). Ich bin ein großer Fan, da es bei dieser Therapieform vor allem darum geht, Leiden als einen Bestandteil unseres Lebens zu betrachten beziehungsweise zu akzeptieren.[75] Eine menschliche Verhaltensweise ist es, leidvolle Gedanken und Gefühle automatisch bekämpfen oder vermeiden zu wollen. Dieses Bedürfnis, das Leid wegzuschieben, kann wiederum Leidensdruck erzeugen. In der ACT lernt man daher, sich durch Achtsamkeits- und Akzeptanztechniken, auf die Auswirkungen und nicht den Inhalt von Gedanken und Gefühlen einzustellen. Dies fördert eine Offenheit für das eigene Erleben und für sich selbst. Eine Strategie davon ist »Akzeptanz und Bereitwilligkeit«,[76] die mit vier Punkten einhergeht: Man muss das vermiedene, meist leidvolle Gefühl für sich definieren. Im nächsten Schritt wird man sich dem eigenen Vermeidungsverhalten in Bezug auf dieses Gefühl gewahr. Man erkennt, dass Gefühle nicht einfach so kontrolliert werden können und dass der Versuch der Gefühlskontrolle ein Hindernis in der eigenen Vita darstellt.[77] Im letzten Schritt übt man mit verschiedenen

Techniken die Akzeptanz als eine mögliche Alternative zum bisherigen Vermeidungsverhalten in Bezug auf das leidvolle Gefühl.[78]

Insgesamt ist das Ziel nicht, bestimmte Lebensereignisse aus dem Gedächtnis zu löschen, sondern zu lernen, wie man mit diesen leidvollen Gedanken und Gefühlen weiterleben kann. Man lernt, mit seinen Dämonen zu tanzen. Die Schwelle zur Verzweiflung ist höher, wenn man besser mit seinen Gefühlen umzugehen lernt. So ist es auch mit den inneren Dämonen. Man muss sie verstehen, um nachvollziehen zu können, was sie außer Kontrolle geraten lässt. Man muss ihre Choreografie begreifen, um mit ihnen Schritt halten zu können. Wir alle haben diese Dämonen in uns, die sich erst in leidvollen Situationen melden. Zu lernen, wann sie auftauchen und was man tun muss, um sie loszuwerden, ist ein herausfordernder Prozess, der uns oft ohnmächtig macht.

Im Erwachsenenalter macht er uns ohnmächtig, da wir früh lernen, irgendwie unsere Gefühle zu kontrollieren. Kleinkindern wird beispielsweise häufig in Kitas oder Tageseinrichtungen beigebracht, dass Wutausbrüche keine adäquate Bewältigungsstrategie im Streit sind. Dabei wird der Fokus nicht darauf gelegt, warum das Kind diese Wut empfindet. Erachtet das Umfeld die Wutausbrüche aber als unangemessen oder übertrieben, erfolgt die Lernerfahrung, dass Wutausbrüche zumindest zur Verärgerung der Eltern und schlimmstenfalls sogar zu einer Bestrafung führen können. Wir lernen schon früh, als unkontrolliert geltende Verhaltensweisen zu unterdrücken und zu vermeiden. Unsere leidvollen Gefühle jedoch können wir nicht wirklich kontrollieren.

Dies erkannte auch schon die berühmte Schriftstellerin Joan Didion, deren Mann plötzlich starb und die später auch ihre Tochter verlor.[79] In einem Interview mit dem Stern (2006) sagte

Didion, vor allem der Tod habe sie gelehrt, dass sie nicht alles im Leben kontrollieren kann.[80] Wir lernen zwar früh in unserer Erziehung und in den zugehörigen Entwicklungsaufgaben, dass wir, wenn uns jemand anpöbelt, nicht aggressiv zurückpöbeln. Wir lernen, unsere Gefühle zu kontrollieren, indem wir unseren Lehrerinnen und Lehrern nicht direkt die Meinung sagen. Es gibt viele weitere Beispiele für Lebenserfahrungen, in denen wir durch unser Umfeld lernen, unsere Gefühle je nach sozialer Rolle zurückzuhalten beziehungsweise zu überdenken, um uns dem System anzupassen.

Gefühle kontrollieren lernen ist aber ein Prozess, der sich nicht von heute auf morgen vollzieht. Bis zu einem bestimmten Grad ist auch die Kontrolle unserer Leiderfahrungen möglich – etwa, wenn wir trotz eines Schicksalsschlags weiterhin in unserer sozialen Rolle funktionieren, zur Arbeit gehen oder uns um unsere Alltagspflichten kümmern, uns jedoch trotzdem am Ende des Tages kurz zurückziehen und leiden, auch wenn es heimlich auf der Toilette in der Arbeitsstelle ist. Leid lässt sich aber nur minimal kontrollieren, bis es uns wieder einholt und wir uns gehen lassen.

Es ist für mich ein menschlicher Irrtum, dass Emotionen wie Trauer, beispielsweise nach einer Verlusterfahrung, sich einfach so über »positive Gedanken« oder andere Strategien wie Ablenkung durch Freunde wegschieben lassen. Es handelt sich hierbei um eine Trennung der emotionalen Bindung zu der verstorbenen Person.[81] Verlusterfahrungen sind ein gravierender Einschnitt in unserem Leben und wir werden darunter leiden. Dies zeigt aber auch, dass wir Gefühle haben und das wiederum ist gesund, wenn wir nach einem Verlust trauern. Wie bereits vorher angerissen, ähneln die Symptome nach einer Verlusterfahrung zwar denen einer Depression (z. B. Interesselosigkeit, Verlust an

Freude, Appetitlosigkeit, Schlafprobleme und Konzentrationsschwierigkeiten), jedoch werden sie psychologisch einer »normalen Trauerreaktion«[82] zugeschrieben.

Es ist wichtig, zu realisieren, dass nicht alles kontrollierbar ist und wir nicht immer alles Leidvolle direkt pathologisieren oder pathologisieren lassen, sondern für uns selbst überprüfen lernen, ob sich die Gefühle zum Ereignis stimmig anfühlen. Es ist dabei irrelevant, wie Person X oder Y dieselbe Erfahrung, beispielsweise Verlusterfahrungen, weggesteckt hat, da du nicht in deren Haut steckst. Man kann aber die eigenen Gedanken und Gefühle überprüfen, welches eine Technik der kognitiven Verhaltenstherapie ist, die man gut für sich üben kann. Überprüfen meint einfach, zu versuchen, sich selbst Fragen zu den eigenen Gedanken zu stellen:

- Wie denke ich bzw. was spricht dafür, dass ich so denke? Ziel: Gedanken wahrnehmen.
- Was spricht dagegen, dass ich so denke? Ziel: Pro/Contra Argumentation.
- Welche alternativen Gedanken könnte ich haben? Ziel: Alternativen suchen.[83]

Diese Fragen kann man niederschreiben und für sich immer wieder bearbeiten. Ich kann dir aber versichern, dass es psychologisch belegt[84] und rein menschlich völlig normal ist, nach einer Verlusterfahrung zu leiden, und dass die depressionsähnlichen Symptome nicht direkt »psychisch auffällig« sind.

Über Verlusterfahrungen lernst du in deinem Tempo eigene Bewältigungsstrategien kennen, die dir helfen, das Leid auszuhalten. Es gibt Menschen, denen es schwerer fällt, eigene Bewältigungsstrategien zu entwickeln. Diese nehmen sich nach einer Zeit Unterstützung – auch das ist vorteilhaft, um für sich Bewältigungsstrategien zu erlernen. Es gibt nicht die eine Fahrbahn, die wir alle fahren, da jeder sich seine eigene Route überlegen muss. Das ist völlig okay. Für mich war es daher interessant herauszufinden, wie wir zu einer für uns individuell passenden Bewältigungsstrategie kommen. Wie lernen wir unsere eigenen Grundschritte, um das eigene Leid in den Alltag zu integrieren? Wie berichten mir resiliente Menschen über den Umgang ihrer Erfahrungen?

Um das herauszufinden, habe ich mit resilienten Menschen über ihre ganz individuellen Leiderfahrungen gesprochen, und über die Strategien, die ihnen bei der Verarbeitung geholfen haben. Was diese Menschen so besonders macht? Sie alle haben nicht nur Leid erfahren, sondern auch mitunter ungewöhnliche Wege gefunden, im Tanz mit ihren persönlichen Dämonen die Kontrolle zu behalten. Anders gesagt: Ich wollte mir abschauen, was diese Menschen im Umgang mit ihren Leiderfahrungen so anders machen.

Hierfür habe ich acht Interviews geführt, unter anderem mit Teresa Enke, Christian Peter Dogs, Parastou Forouhar und weiteren Menschen aus verschiedenen Disziplinen wie Medizin, Psychologie, Kunst, Kriegsfotografie, Schauspiel und Musik. Mein Ziel: die Chancen und Grenzen der Resilienz beleuchten.

Die verschiedenen Leiderfahrungen der Interviewpartner*innen schaffen nicht nur eine Wahrnehmungssensibilität für tabuisierende Themen und damit unterschiedlicher Facetten von Leidenseindrücken wie Gewalterfahrung, psychischen Erkrankungen, Migrationserfahrung, Suizidalität sowie Stigmatisierung von Behinderung und Krankheiten. Sie verdeutlichen darüber hinaus, dass das Leid universell, nebenan und perspektivisch betrachtet sehr bedeutsam ist, um resilient(er) zu werden.

Als Psychotherapeutin trage ich immer einen unsichtbaren Kittel, der mir emotionale und professionelle Distanz ermöglicht. In meinem Beruf habe ich die Aufgabe, meine Klient*innen in ihrem Leidensdruck emotional und kognitiv zu unterstützen. Privat trage ich keinen Kittel, ich habe keinen emotionalen Abstand zu meinen Mitmenschen, da ich das zwischenmenschliche Miteinander fühlen möchte. Genauer gesagt habe ich kein Mandat, diese emotionale Distanz einzunehmen. Alles, was geschieht, geht mir emotional nahe. Ich arbeite nicht privat. Das ist wichtig zu wissen, da ich bei den Interviews keine emotionale Distanz hatte.

Gegenteilig ertappte ich mich dabei, wie die Schilderungen der leidvollen Erfahrungen meiner Interviewpartner*innen auch in mir viele verschiedene Gefühle, wie Trauer oder auch Ohnmacht, auslösten. Zugleich empfand ich bei jedem Interview eine tiefe Faszination und Bewunderung für meine Interviewpartner*innen. Überträgt man die bereits vorgestellte Theorie des Lernens am Modell auf meine Empfindungen während der Interviews, kann ich behaupten, dass ich nicht nur mitlitt, sondern auch aus diesen Geschichten lernte. Somit wurden mir über die Interviews nicht nur wertvolle Bewältigungsstrategien im Umgang mit Leiderfahrungen deutlich, sondern auch, wie facettenreich die Leidintegration ist und wie man all das im Alltag bewältigen kann. Darüber hinaus wurden individuelle Leidstrategien erkennbar, die Orientierung in diesem Themenfeld bieten und die auch du für dich nutzen kannst.

PROZESS AKZEPTANZ – DU BESTIMMST DAS TEMPO

Heute werden Tausende Achtsamkeitspraktiken medial über Yoga, Pilates oder Meditation gehypt, dennoch machen Yogaübungen allein nicht viel achtsamer. Es gehört schon mehr dazu, wie unter anderem Zustände, die Leid produzieren, erstmals zu erkennen. Zustände akzeptieren beinhaltet mehr als das Ein- und Ausatmen.

Das kleine Wörtchen »Akzeptanz«, welches auch eines der Grundprinzipien der Achtsamkeit darstellt, zählt zu den neueren Modeworten, wenn es um den Umgang mit leidvollen Erfragungen geht. Wie einfach es klingt, wenn man dir etwa sagt: »Einatmen. Ausatmen. Akzeptiere den Zustand.«

Es ist immer einfacher, solche Zusprüche an andere weiterzugeben, als sie tatsächlich auch für sich selbst zu beherzigen, wenn man dabei ist, eine schwierige Situation zu durchleben. Und auch wenn man selbst gelernt haben sollte, leidvolle Zustände durch Akzeptanz zu bewältigen, kann man von seinen Mitmenschen selbstverständlich nicht erwarten, dass sie es auch auf dem gleichen Weg oder sogar genauso schnell und geschmeidig tun.

Wir alle kennen Zustände, aus denen wir uns mit Hoffnung und viel Ablenkung herauszuhalten versuchen. Es sind Situationen, die wir nicht akzeptieren wollen. Neben den Situationen selbst sind es die damit verbundenen Gefühle und vor allem die Erinnerungen daran, die uns in die Vermeidung führen. Der Psychologe Jon Kabat-Zinn untermalt dies sehr gut mit den Worten »Wo immer wir hingehen, da *sind* wir.«[85] Es stimmt, dass du deine Gefühle und Gedanken immer mitnimmst und nur mittels Übungen lernst, sie anzunehmen und dabei gleichzeitig abzuschwächen.

Unsere Gefühle in leidvollen Situationen lassen sich nicht mit einem Knopfdruck direkt verändern. Sie sind erst mal da. Und auch, wenn diese unerträglich erscheinen und kaum auszuhalten sind, können sie nur über den Prozess der Verarbeitung akzeptiert werden. Wir sollten das Prinzip der Akzeptanz also nicht falsch verstehen, als eine Art Lifehack, den man lernt und bei Bedarf wie eine Atemübung abspult. Es ist vielmehr ein Prozess, der an die individuelle Situation angepasst werden muss – und das benötigt nun mal seine Zeit. Akzeptanz ist dennoch ein bedeutsamer Bestandteil unseres Lebens, und das ganz speziell im Umgang mit Leiderfahrungen.

Viele Erlebnisse in unserem Leben sind sehr hart zu akzeptieren. Wir reagieren darauf beispielsweise mit der Vorstellung, das Erlebte revidieren zu wollen. Wir wissen zwar, dass wir geschehene Situationen nicht nachträglich verändern können: Wenn ich einen endgültigen Verlust erfahren habe, lässt sich daran schon per Definition nicht rütteln, egal wie sehr ich mich auch anstrenge. Geschehenes rückgängig machen zu wollen ist dennoch ein völlig nachvollziehbarer menschlicher Wunsch. Doch meine Gedanken lenken mich damit auch vom Wesentlichen ab: Ich verharre durch Fantasien wie diese im Zustand der Nichtakzeptanz.

Bei uns selbst ist das häufig schwer zu erkennen, doch unser Leinwandheld Forrest Gump kann uns auch hier wieder bei der Verdeutlichung des Problems helfen. Als Forrest am Grab seiner geliebten Jenny steht, spricht er zu ihr: »Wenn du etwas brauchst, bin ich für dich da«[86], was das komplexe Geflecht von Akzeptanz und Nichtakzeptanz, in das wir uns mitunter verwickeln, recht gut beschreibt. Zum einen weiß Forrest, dass Jenny tot ist, und würdigt den Verlust durch das Aufsuchen ihres Grabes. Dennoch steht er dort, spricht mit ihr und bietet ihr seine Unterstützung an.

Bei Leiderfahrungen schweben wir oft in einem Kontinuum zwischen Akzeptanz und Nichtakzeptanz. Wir alle kennen Situationen, in denen wir zwar wissen, dass es kein Zurück gibt, und in denen wir dennoch zwischen akzeptieren und nicht akzeptieren wollen stecken bleiben. Hoffnung ist die Schnittstelle zwischen Akzeptanz und Verweigerung, die uns Kraft gibt, die schlimme Situation überhaupt zu realisieren, sich veranschaulichen zu können. So auch bei Forrest Gump.

Es gibt Zeiten in unserem Leben, die wir uns anders vorstellen, aber die Realität macht diesen Vorstellungen einen Strich durch die Rechnung. Dann bleibt uns Hoffnung. Hoffnung ist der Schlüssel für bessere Zeiten, für leichtere Zeiten und für Entlastung in widrigen Situationen. Ich würde behaupten, dass wir vor allem dann hoffen, wenn das Leben am schwierigsten ist. Tatsächlich ist Hoffnung ein bedeutsamer Baustein auf dem Weg zur Akzeptanz, der vor allem in widrigen Situationen viel in Bewegung bringen kann. Schließlich impliziert Hoffnung, dass man sich Besserung vorstellen kann. Es gibt, so wie auch bei Glück, zahlreiche Definitionen für Hoffnung, die jedoch meist subjektiv ausgelegt sind. Für die einen ist Hoffnung eine Form von Erfüllung im jetzigen Zustand und für die anderen die Lösung im Umgang mit Problemsituationen. Wie auch immer du Hoffnung für dich interpretierst, spreche ich hier von Hoffnung vor allem als Überlebensmechanismus, der dir Mut gibt, mit schwierigen Situationen umzugehen.

Auch außerhalb belastender Lebensabschnitte kann Hoffnung wie eine Art Überlebensmechanismus wirken: Um überleben zu wollen, müssen wir uns tatsächlich gelegentlich hoffnungsvolle Geschichten erzählen. Den meisten von uns hilft es sehr, sich hoffnungsvollere Versionen unseres Lebens auszumalen und zu hoffen, um die Realität kurzfristig zu verschönern und der ungewissen Zukunft eine zuversichtliche Richtung zu verleihen. Mitunter versuchen wir auch, uns nicht zu viel Hoffnung zu machen, denn Hoffnung kann auch enttäuschen. Doch unterm Strich gilt, dass das Leben ohne Hoffnung ein sehr unerträglicher Zustand wäre, da sie uns dabei hilft zu lernen, mit Enttäuschungen umzugehen.

Akzeptanz zu erlangen ist ein sehr weitreichender Prozess. Wir haben im Zuge unseres Lebens häufig gelernt, Ereignisse zu verdrängen oder trotz unseres Leids weiterhin zu »funktionieren«. Dabei kann uns die Hoffnung helfen. Doch Leid umfassend zu akzeptieren, bedeutet im Hier und Jetzt zu leben und eine Form anhaltender innerer Ruhe mit dem Leid zu finden. Das kann gewissermaßen eine eigene Routine und Gelassenheit sein, die Hoffnung dauerhaft integriert und uns hilft, in schwierigeren Zeiten zu akzeptieren, dass es jetzt so ist, und gleichzeitig Raum für das Bewusstsein gibt, dass es besser wird. In dem Moment, in dem wir hoffen, überlegen wir uns schon Strategien oder Ziele, wie es mal sein soll, damit es besser wird. Das Akzeptieren von Leid eröffnet eine subjektive Form von Weisheit. Wie kommen wir also dorthin?

Christian Peter Dogs – Trauma lässt dich wachsen

»Es ist ein Teil deines Wachsens. Nicht nur akzeptieren, sondern integrieren: ›So ist das Leben.‹ Und diese Integration ist so wichtig, das erlebe ich auch im therapeutischen Prozess, dass ein Trauma nichts Bedrohliches ist, sondern es ist was Gutes.«[87]

Ich bin auf den Psychiater und Psychotherapeuten Dr. Christian Peter Dogs durch ein Interview zum Thema Resilienz in der Sendung *Planet Wissen* aufmerksam geworden. Ich war fasziniert von dem Mann, der in seinem Leben früh widrigen und gewaltvollen Situationen ausgesetzt war und nun dort in der Sendung saß und strahlte. Seine Lebensgeschichte faszinierte mich total, weil er die Resilienz als dynamischen Anpassungsprozess beschrieb. Aufgrund seiner Berufstätigkeit als Psychiater, seiner vulnerablen Kindheit und Jugend sowie seiner gesunden Entwicklung im frühen Erwachsenenalter wurde er als Experte eingeladen.

Als ich im Wintersemester 2019/2020 an der Universität zu Köln ein Seminar mit dem Titel »Resilienzförderung – Chancen und Grenzen« abhielt, zeigte ich den Studierenden besagtes Interview. Die Studierenden waren begeistert von dem, was sie sahen. »Endlich jemand, der nicht in so Kategorien steckt und über authentische Resilienzentwicklung spricht«. War es möglich, nach einer Heroinabhängigkeit den Weg zum Medizinstudium zu finden und dieses erfolgreich abzuschließen? Diese Wendung der Ereignisse erschien unwirklich, doch Christian Dogs war genau diese Wendung gelungen. Seine ausgesprochen gelassene und intellektuelle wie gleichwohl provokative Haltung imponierte mir bei unserem ersten Zusammentreffen sehr.

»Gefühle sind keine Krankheit«, so seine Haltung und der Titel seines Buches.[88] Ich wollte unbedingt mehr darüber erfahren, wie er diesen augenscheinlichen Spagat schaffte. Was konnte mir dieser humorvolle und lebensbejahende Mann, der als Kind von seinem Vater misshandelt wurde und gewaltvolle Heimerfahrungen hatte, mir an Geheimnissen für eine bessere Leidverarbeitung mit auf den Weg geben? Drei Wochen bevor die Covid-19-Pandemie für lange Zeit das gesellschaftliche Leben lahmlegte, machte ich mich also auf den Weg, um ihn in Lindau zu besuchen. Das war vor der Krebsdiagnose meiner Mutter, die ich kurzerhand zum Interview mitnahm, da ich bei der Gelegenheit ein paar schöne Tage mit ihr am Bodensee verbringen wollte. Für mich war es etwas Besonderes, mein erstes Interview für dieses Buch zu führen und auch noch meine Mutter dabeizuhaben, die alles miterleben konnte.

Als ich gemeinsam mit ihr zum Interview auftauchte, scherzte Herr Dogs: »So eine Situation ist mir auch ganz neu«, und brach mit der Bemerkung rasch das Eis. Nach einem Kaffee zeigte er uns seine Praxis am See, wo er als Psychotherapeut mit Klient*innen zusammenarbeitet, die sehr schwerwiegende psychische Erkrankungen haben. Er erzählte mir von einigen Fällen, in denen beispielsweise neben Suchterfahrungen auch tiefgreifende Persönlichkeitsstörungen bestehen. Dass er hier auch aus seinen eigenen Leiderfahrungen heraus ein besonderes Verständnis für diese Schicksale in seine Praxis mitbringt, beeindruckte mich umso mehr.

Im Anschluss lud er uns zu sich nach Hause ein. Bei schönster Aussicht über den See in Lindau führten wir das Interview bei knalligem Sonnenschein auf seiner Terrasse. Das Setting war traumhaft. Fast zu schön für die Dinge, über die wir sprechen wollten, dachte ich für einen Augenblick. Ich fragte ihn nach seiner vulnerablen Phase, da er mir bereits zu Beginn des Gespräches erklärt hatte, dass seine Kindheit kontinuierlich vulnerabel gewesen war. Die Zeit im Alter von fünf und zehn Jahren empfand er aber am vulnerabelsten, als sein Vater ihn nachts immer geweckt hatte und ihn schlug: »Er hat mich nachts aus dem Bett geholt und meistens mit dem Rohrstock verprügelt, dass ich am nächsten Tag auch nicht in die Schule gehen konnte, und das war dieses Unberechenbare! Das war hochvulnerabel, weil ich nie wusste: Kommt er? Kommt er nicht?«

Die Erfahrungen, die Christian Peter Dogs in Bezug auf die Beziehung zu seinem Vater beschreibt, lassen sich aus psychologischer Sicht als sogenannten »desorganisierten Bindungstypen« klassifizieren. Im bekannten Experiment vom Entwicklungspsychologen John Bowbly und Mary Ainsworth aus dem Jahre 1970 wurde der »Fremde-Situation-Test« durchgeführt, um Bindungsstile bei Kindern zu untersuchen. Über das Bindungsverhalten vom Kind zur Mutter, erstens in deren Abwesenheit, zweitens in Form einer kurzen Trennung und drittens in einer (Wieder-) Vereinigung konnte man vier verschiedene Bindungsstile herausarbeiten. Einer davon war der desorganisierte Bindungsstil, welcher vor allem bei Kindern auftritt, die Vernachlässigung und Misshandlungserfahrungen haben. In Trennung zur Mutter zeigt das Kind ein widersprüchliches und vor allem in Wiedervereinigung ein auffälliges und zwiespältiges Verhalten.[89]

Im Fall von Christian Peter Dogs handelte es sich somit um eine Kombination aus einem ängstlichen und teils vermeidenden Bindungsgeflecht, da immer eine Ungewissheit über der Situation schwebte, ob er wieder misshandelt werden würde oder eben nicht. Als Kind wuchs er mit der ständigen Angst auf, es könnte gerade jetzt wieder so weit sein, geschlagen zu werden.

Er wuchs in Hannover auf, wo er nach den Misshandlungserfahrungen mit neun Jahren zwei Wochen lang im Stadtwald Eilenriede abtauchte und dort zusammen mit Obdachlosen lebte, bis ihn das Jugendamt fand und wieder zurückholte. Ich sah diesen sympathischen und fröhlichen Mann vor mir, in seiner wunderschönen Wohnung mit Aussicht auf den ruhigen und strahlend blauen See, und fragte ihn, wie man derartige Leiderfahrungen verarbeiten kann. Er erzählte mir von seinen unterschiedlichen Bewältigungsstrategien in seiner Vita.

Als er im Stadtpark lebte, wurde er kriminell und war schnell polizeibekannt. Werden Kinder emotional vernachlässigt, wie es in diesem Fall geschah, löst das Unverständnis Aggressionen in den Kindern aus, da das grundlegende Bedürfnis nach Bindung nicht erfüllt wurde. Aggressionen im Kindesalter liegen verschiedenen Ursachen zugrunde, jedoch stehen familiäre Risikofaktoren wie Missbrauchserfahrungen ganz weit oben.[90] Kinder können ihre Emotionen über den Missbrauch nicht regulieren lernen. Die Emotionsregulation beginnt zwar streng genommen schon vor der Geburt und im Säuglingsalter, jedoch baut sich diese in Beziehung zu den Eltern aus. Viele Kinder sind Leiderfahrungen ohnmächtig ausgesetzt und können hierüber ihre Emotionen nicht zuordnen. In der Folge ziehen sie sich entweder zurück oder externalisieren ihr Leid über Aggressionen.

Zudem stellte sich heraus, dass misshandelte Kinder mehr Probleme haben, Gefühle bei anderen zu erkennen, vor allem bei Angst. Die Kinder haben eine Einschränkung der Empathie, da sie früh Gewalt ausgesetzt waren und demnach weniger Rücksicht auf andere Kindern nehmen.[91] Die Erfahrungen der Ablehnung durch einen Elternteil oder andere Bezugspersonen, etwa Gewalterfahrungen im häuslichen Rahmen, werden daher über Wutverhalten externalisiert. Betroffene regulieren somit ihre Gefühle, indem sie anderen schaden, ihnen physisch oder emotional wehtun. Derartige Emotionen zu verbalisieren, um damit einen weniger schädigenden Umgang mit dem Leid zu ermöglichen, ist für uns Erwachsene oft genug eine große Herausforderung – und besonders für betroffene Kinder.

Schließlich bedarf es nicht nur der Sprache, um ein empfundenes Leid zu kommunizieren, sondern auch eines Verständnisses davon, dass das, was man erfährt, leidvoll ist. Der Rückgriff auf eine Form der Gewalt und Aggression wird dann zur einzig erlernten Strategie, um mit leidvollen Gefühlen wie etwa Vernachlässigung umzugehen.

Herr Dogs lebte nicht nur gemeinsam mit Obdachlosen in Eilenriede im Stadtpark zusammen, sondern hatte auch einen, nach eigenen Worten, »schlimmen« Freund, der einen kriminellen Einfluss auf ihn hatte, da er sehr delinquent war. Er berichtete, dass er üble Sachen mitmachte und erlebte: »Zu meiner Schande habe ich damals einer älteren Frau das Portemonnaie geklaut. Mit meinem Freund zusammen habe ich den Diebstahl bei einer Oma begangen: Ich habe die an der Tür abgelenkt, während er in die Wohnung gegangen ist, um das Portemonnaie zu klauen. Dann habe ich es später wieder in den Briefkasten geworfen.«

Das Jugendamt griff den Jugendlichen auf und brachte ihn in ein Wohnheim für schwer erziehbare Jungs, wo er jedoch nur noch mehr Gewalterfahrungen ausgesetzt war als zuvor: »Im Heim fand ständig Gewalt statt, wo man nachts nie wusste, ob man eine Plastiktüte über den Kopf gezogen kriegt. Ich war 13 oder 14 Jahre alt, in einem dunklen alten Schloss. Man hatte Angst, nachts auf die Toilette zu gehen, weil man durch den Speisesaal musste bis ganz runter. Dort waren die großen Jungs und haben einen abgefangen. Man musste immer damit rechnen, dass man sexuell missbraucht wurde, deswegen hat man lieber nachts aus dem Fenster gepinkelt! Da waren die Gitter davor, das war gut, dass man nicht rausfallen konnte.«

Statt des Vertrauens, der Zugehörigkeit und Zuneigung – Kernbedürfnisse im Wachstums- und Reifeprozess, die er in diesem Alter gebraucht hätte – erfuhr er emotionale und körperliche Ablehnung, Gewalt und Vernachlässigung. Er erzählte, dass er über derartige Gewalterfahrung früh lernte, Risiken im Leben anzunehmen und zu akzeptieren. Mit Risiken betonte er das ständige Auf und Ab im Leben, welches unkontrolliert auf einen zukommen kann. Dieser Gedanke, dass Risiken dazugehören, gab ihm in diesen Momenten zum einen Sicherheit, die Situation zu akzeptieren, um emotional zu überleben, zum anderen aber auch Hoffnung auf ein besseres Leben: »[...] Dinge passieren, das Risiko gehört dazu, und das Leben ist halt so. Verzweiflung gehört zum Leben und dass sie ein Teil von mir ist.«

Auf dem Weg zu dieser Akzeptanz des leidvollen Hier und Jetzt half ihm auch das Visualisieren eines sicheren Ortes, den Alltagsschmerz zu verarbeiten: »Hilfreich war es immer, einen sicheren Ort für mich zu schaffen. Ich visualisierte als Kind und habe zum Beispiel im Heim Grundrisse gezeichnet. Ich habe mir so Häuser gezeichnet, wo meine Geborgenheit liegt, wie ich später leben möchte, also was ich sehr gut gemacht habe. Ich habe immer an später gedacht.«

Der innere Ort, auch sicherer Ort, ist ein bedeutsamer Teil der Traumatherapie und auch bei Ängsten sehr hilfreich. Hierbei geht es darum, dass die Klient*innen sich einen Moment überlegen, in dem sie sich geborgen gefühlt haben, um so einen Ort ausfindig zu machen, der Geborgenheit und Schutz gibt.[92] Dies kann nicht nur eine Skizze der Zukunft sein, sondern auch schöne Momente aus der Vergangenheit, ein (Fantasie-)Ort, den man sich gestaltet beziehungsweise (wieder-)herstellt und den man mit Geborgenheit, Sicherheit und Harmonie verbindet. Diese imaginative Technik ist sehr hilfreich, vor allem wenn wir in leidvollen Situationen stecken und aus diesen nicht herauskommen können.

Herr Dogs verfügte bereits im Jugendalter über die emotionale Intelligenz, diese Technik für sich anzuwenden, um imaginativ Zuflucht zu finden und optimistisch in die Zukunft zu schauen. Neben den Bewältigungsstrategien, den Alltag emotional aushalten zu können und Perspektive einzubauen, war Herr Dogs auch sehr intelligent und konnte hierüber Zuflucht in ein besseres Leben finden. Er bekam ein Stipendium und konnte auf ein Eliteinternat gehen. In dieser Zeit im Internat hatte er zum ersten Mal das Gefühl, ein gesundes und ruhiges Zuhause zu haben. Er hatte ein eigenes Zimmer und durchlebte keine bedrohlichen Gewalterfahrungen mehr.

Er erzählte mir von seiner damaligen Freundin, die ihm zusätzlich emotionalen Halt gab und erklärte mir, dass sie ihn beispielsweise mit auf gemeinsame Reisen mit ihren Eltern nahm, sodass er durch sie eine Einbindung in Familienstrukturen erfuhr, wie er sie selbst nie in der eigenen Familie erleben konnte: »Aber diese Ersatzfamilie, diese Geborgenheit mal zu erleben, und auch von so einer schönen Frau damals geliebt zu werden, die vorher mit so einem ganz tollen Typen zusammen war, so einer, der reich, sehr schön war, alles, was man so wollte, und die sich dann für mich entschieden hat, obwohl ich so eine Randerscheinung war, das war eine wunderbare Zeit.«

Als sich die Freundin von ihm trennte, weil sie mit seinem besten Freund fremdging, brach seine Welt zusammen. Er wurde nicht nur von seiner Liebe betrogen, sondern von seinem besten Freund hintergangen. Nicht nur verlor er das Gefühl emotionaler Stabilität, des Dazugehörens, sondern er wurde emotional enttäuscht. Wir alle kennen das Gefühl, emotional von einer geliebten Person, ob in Freundschaften oder engen Partnerschaften, belogen oder betrogen zu werden. Aus der Resilienzforschung geht hervor, dass Beziehungen am bedeutsamsten sind, um Resilienz entwickeln zu können. In den Studien zur Resilienz die Beziehung immer als primärer Faktor für die Entwicklung von Resilienz gemessen. Schon die Kauai-Studie (die Pionierstudie auf diesem Gebiet) postulierte, dass Bindung – also eine gute Beziehung zu einem anderen Menschen – ein bedeutsamer Puffereffekt für Risikofaktoren ist. Das heißt, dass Kinder mit emotionalen Beziehungen besser lernen, mit widrigen Situationen umzugehen als ohne.[93]

Auch aus der bekannten Virginia-Längsschnittstudie zu Kindesmisshandlung von Bolger und Patterson (2003) ging hervor, dass missbrauchte Kinder, die keinen guten Freund hatten, mit den Jahren ein geringeres Selbstwertgefühl entwickelten als missbrauchte Kinder mit einem guten Freund. Das Selbstwertgefühl missbrauchter Kinder steht somit in enger Korrelation mit Beziehungen wie beispielsweise Freundschaften: Diese helfen Kindern im Umgang mit Schmerzerfahrungen.[94] Wissenschaftlich wurde somit bewiesen, dass stabile Beziehungen ein wichtiges Fundament für eine gesunde Entwicklung bilden.

Dies begründet umso mehr die vulnerable Situation von Christian Peter Dogs: Sein Leben war schon ein Auf und Ab gewesen. Über die Beziehung zu seiner Freundin und seinem besten Freund hatte er Stabilität erfahren, die nun enttäuschend wegbrach. In dieser Situation, wo seine bedeutsamen Beziehungsfiguren wegfielen, hatte er keine für sich geeignete Bewältigungsstrategie mehr, um dieses Leid aushalten und integrieren zu können. Als Strategie, um das Leid zu balancieren und auszuhalten flüchtete er sich mit 17 Jahren in den Drogenkonsum und wurde heroinabhängig. Er integrierte eine »passive Akzeptanz«, in der er Gefühle im Jugendalter über die eher dysfunktionalen Strategien des Drogenkonsums aushalten lernte. Diese war weniger förderlich für seine psychische und physische Gesundheit, jedoch hatte er auch in diesen Zeiten funktionale Bewältigungsstrategien, wie zum Beispiel Hilfe annehmen, um einen kalten Entzug zu machen.

Den Begriff »Heilung« empfinde ich als kritisch, jedoch sollte uns klar sein, dass wir nicht immer gesunde Entscheidungen treffen. Oftmals haben wir noch keine entsprechenden (gesunden) Strategien entwickelt, wenn wir erstmalig mit bestimmten

Leidsituationen konfrontiert sind. Führt der erste Impuls auf dem Weg zu einer Besserung zu einem ungesunden Verhalten, deutet dies nicht darauf hin, dass man keine resiliente Entwicklung im späteren Verlauf, oder in anderen Lebensabschnitten vollziehen kann. Man spricht hier nicht umsonst von einer Phase erhöhter Vulnerabilität. Ist eine Situation neu, so brauchen wir in erster Linie schnellen Zugang zu Strategien, um das vorhandene Gefühl zu bearbeiten.

Trotz Christian Peter Dogs'– wie wir heute wissen – grundsätzlich resilienter Persönlichkeitsstruktur konnte auch er nachhaltige Wege zur Heilung seiner Wunden nicht so schnell aufbauen. Das Einzige, was ihm half und Unterstützung brachte, um den Konsum einzustellen, war die Akzeptanz seiner Person und Unterstützung durch sein näheres Umfeld – in seinem Fall durch eine engagierte Lehrerin und den Vater eines engen Freundes: »Einmal hat man Heroin in meinem Französischbuch gefunden. Die Französischlehrerin hat das entdeckt, und dann haben die mich damit konfrontiert, aber nicht rausgeworfen! Eigentlich war das ein Grund, vom Internat geschmissen zu werden, doch die haben sich da unglaublich viel zusammengesetzt.«

Da der junge Christian Peter Dogs nicht sanktioniert wurde und Hilfe bekam, nahm er diese dankend an. Er machte beim Vater seines Freundes, einem Arzt, einen kalten Entzug. Diese Form des Entzugs ist körperlich und psychisch so belastend, dass es kaum Menschen aushalten können. »Wenn du das aushältst, dann bist du fit für alles!«, bemerkte Dogs fast beiläufig. Über die Akzeptanz seines Umfeldes und die eigene Bereitschaft, Hilfe anzunehmen, konnte er von den Drogen wegkommen.

Gesellschaftlich fest verankert und wünschenswert ist natürlich, keine psychischen Abstiege in Form von dysfunktionalen

Strategien zu erleben. Trifft es jedoch zu, bedeutet es nicht, dass man sich nicht resilient entwickeln kann. Es gibt Menschen wie Christian Peter Dogs, die von klein auf lernen, das Leben trotz und mit schwierigen Erfahrungen akzeptieren zu lernen. Dass er trotz seiner prekären Lebenswelt als Kind und Jugendlicher die Fähigkeit besaß, sich Bewältigungsstrategien aufzubauen, die nicht nur sinnvoll, sondern sogar therapeutisch waren, kann verschiedene Ursachen haben. Dabei spielen unter anderem individuelle (emotionale) Kompetenzen oder Temperament eine große Rolle. Dieses Beispiel zeigt, wie eine emotionale Intelligenz (in Form des Annehmens von Hilfe) sowie externe Faktoren (wie die Französischlehrerin und die Bekannten, die beim Entzug halfen) den Heilungsprozess unterstützen.

Die externen Faktoren sind subjektiv und variieren bei jedem Menschen. Wenn du deine Ressourcen kennst und weißt, was dir guttun kann, um dir emotionalen Halt zu geben, solltest du versuchen, erst einmal daran festzuhalten. Es gibt demnach unterschiedliche Faktoren (wie beispielsweise Sport), die mit deinen Kompetenzen (beispielsweise der Selbstwirksamkeit, am Sport festzuhalten) abgestimmt werden und dir helfen, deine vulnerable Situation zu durchleben.

Es gibt keinen schwarz-weißen Verlauf, wie sich auch bei Herrn Dogs zeigt, da Resilienz sich nicht linear entwickelt. Es ist ein Mythos, dass man durchgehend stark sein muss, um resilient zu sein. Jeder hat Zeiten, vor allem bei derartigen Erfahrungen, wie er sie durchlebt hat, in denen man erst einmal lernen muss, gesunde Strategien zu entwickeln. Christian Peter Dogs hat im späteren Verlauf nach seinem kalten Entzug eine aktive Akzeptanz entwickelt, nahm weiterhin die Hilfe des Umfeldes an, integrierte eine für ihn gesündere Selbstwahrnehmung und Selbstwirksamkeitserfahrungen: Dazu zählten das Abschließen des Medizinstudiums, die Gründung einer psychosomatischen Klinik sowie ein gesunder Lebensstil, viel in der Natur zu sein und es sich gut gehen zu lassen.

Eine andere Art der Leiderfahrung hatte die New Yorker Künstlerin Miya Ando zu akzeptieren. Bei ihr handelt es sich nicht um dieselbe Schwere von Erfahrungen wie bei Herrn Dogs, doch Leid hat keine Hierarchien. Es ist subjektiv ausgelegt, daher ist diese Leiderfahrung, die viele Menschen betrifft, und ihre Verarbeitung genauso bedeutsam.

Miya Ando – Im Kostüm des Andersseins

> »Wo immer du bist, du bist eins mit den Wolken und eins mit der Sonne und dem Mond und den Sternen, die du siehst – du bist eins mit Allem.«

Ich kenne Miya, seit ich 2014 in Los Angeles gelebt habe. Sie ist für ihre Bilder, Skulpturen und Installationen bekannt, die Vergänglichkeit aber auch die wechselseitige Verflechtung von Zeit und Raum thematisieren. Ihre Kunst faszinierte mich, während ich beim Betrachten auch eine tiefe Verbindung zur Spiritualität empfand. Sechs Jahre nach unserem letzten Kontakt bat ich sie um ein Interview, und sie sagte direkt zu. Passenderweise wollte ich in diesem Sommer ohnehin nach New York und wollte den Aufenthalt mit einem Atelierbesuch bei ihr verbinden. Leider kam auch hier die Covid-19-Pandemie dazwischen, sodass ich meine Reise verschob und wir das Interview telefonisch, aber dennoch bei einem geteilten Glas Rotwein führten.

Miya war in ihrem Atelier in New York und sagte mir, ihr Studiobesuch sei eine bedeutsame Routine in ihrem Alltag. Ohnedies würde es ihr nicht so gut gehen. Sie erklärte mir, dass sie über ihre Kunst ihre heute immer noch vulnerable Situation der Migration, des »Andersseins«, akzeptieren lernte. Wir wissen aus der Resilienzforschung, dass Migration kein direkter Risikofaktor für die Entwicklung von Kindern und Jugendlichen ist. Dennoch werden die Potenziale und Ressourcen, die Bikulturalität, kulturelle Vielfalt und Offenheit mit sich bringen, bei Menschen mit Migrationshintergrund häufig ausgeblendet und mit Vorurteilen wie Schulversagen, Gewaltverhalten und nicht realisierbarer Integration besetzt.[95]

So präsentierte ein Forschungsverbund, der an Kitas und Schulen untersuchte, ob ein ein Migrationshintergrund tatsächlich ein Risiko für die Entwicklung darstellt, bereits 2015 erste Erkenntnisse hierzu. Insgesamt wurden 543 Kinder im Alter von drei bis elf Jahren mit den Eltern und pädagogischen Fachkräften befragt. Das Ergebnis verdeutlichte, dass zwischen Kindern mit und ohne Migrationsgeschichte kaum Unterschiede in der Erfassung von Resilienz bestanden. Somit stellt der Migrationshintergrund als alleiniges Merkmal kein Entwicklungsproblem dar.[96] Dennoch kann das Umfeld einen Einfluss auf die Migrationserfahrung des Kindes haben, beispielsweise über abwertende Blicke in der Klasse, wenn das betreffende Kind ein Wort falsch ausspricht oder betont. Demnach ist die Bewertung der Migration, des Andersaussehens oder der nicht vorhandenen Sprachkompetenzen ein möglicher Risikofaktor.

Miya wuchs in den Achtzigerjahren als Tochter einer Mutter, die von einem Priester großgezogen worden war, und einem nicht asiatischen Vater in einem buddhistischen Tempel in Japan auf. Sie war das einzige halb weiße Mädchen in diesem Tempel. Von klein auf sah sie immer anders aus als ihre Mitschüler*innen, vom Kindergarten bis zur Grundschule wurde sie aufgrund ihrer Hautfarbe anders betrachtet: »Die Menschen in den Achtzigerjahren waren ziemlich schockiert.«

Vor allem das Gefühl des Fremdseins sollte Miyas späteren künstlerischen Werdegang nachhaltig prägen. Sie kannte das Gefühl, gelabelt zu werden, anders zu sein, anders auszusehen und dafür bewertet zu werden, bereits im Kindesalter. Sich »anders« fühlen kann ein Risikofaktor sein, da das Gefühl von Zugehörigkeit ein menschliches Grundbedürfnis darstellt. Wir wollen weder angestarrt werden, weil wir eine andere Haut- oder Haarfarbe haben, noch wollen wir anders behandelt werden.

»Ich trug schon immer das Kostüm, dass ich anders aussehe als alle anderen«, erzählte Miya. Doch in der Schule fiel sie nicht nur dadurch auf, auch ihr Name war außergewöhnlich und »anders«. Miya ist in Japan zwar ein sehr gebräuchlicher Mädchenname, doch die Schreibweise ist sehr besonders: Hierfür wählte ihre Mutter die japanischen Zeichen für »schön« und »Nacht«. Die Umgebung reagierte nicht nur auf ihr Aussehen, sondern auch auf die Schreibweise ihres Namens zum Teil sehr erschrocken: »Jeder, der die Zeichen gelesen hat, reagierte mit ›Oh, mein Gott‹, ist das dein richtiger Name? Deine Mutter ist so unkonventionell, weil niemand sein kleines Mädchen ›schöne Nacht‹ nennt. Es ist wie ein radikaler Name.«

Als Kind erhielt Miya häufig Kommentare, die sie in ihrem Gefühl des Andersseins bestärkten, da ihr Name von den anderen eher als ungewöhnlich bewertet wurde. Früh wurde sie damit konfrontiert, dass sie nicht dazugehörte. Dies änderte sich nicht, sondern durchzog ihre Vita. Im Grundschulalter migrierte sie mit ihrer Familie nach Amerika.

Miyas vulnerable Lebensgeschichte war sehr stark mit der Ohnmacht verbunden, der englischen Sprache nicht im erwarteten, vorgegebenen Maß mächtig zu sein. Auch dadurch fiel sie auf, war »anders« als andere Kinder. Miya erinnerte sich, wie die Sprache für sie zum ersten Mal zum Hindernis wurde:

»Einer meiner Lehrer in der Grundschule sagte: ›Wir verstehen dich nicht, Miya! Du musst Englisch sprechen.‹ Das war also der Punkt, an dem ich mich für verletzlich hielt. Um ehrlich zu sein, ist es das, was einen verletzlich fühlen lässt. Es ist die Unfähigkeit, etwas auszudrücken oder meine Worte herauszupressen. Das ist ein Zustand, den vielleicht einige kreative Künstler haben. Ich glaube, diese Schwierigkeit der Kommunikation war schon immer meine Schwäche.«

Die Schwierigkeit der Kommunikation brachte Miya nicht nur im Kindesalter in vulnerable Situationen, sondern setzte sich auch noch im späteren Leben fort. Im Jugendalter suchte sie sich unter anderem Freunde mit bilingualem Hintergrund, sodass die Diversität zur Norm gehörte. Der Unterschied zum Jugendalter liegt nur darin begründet, dass sie als Kind noch nicht über die nötigen Bewältigungsstrategien verfügte, um mit der Ohnmacht des Nichtverstehens und Nicht-verstanden-Werdens umgehen zu können. Dies entspricht daher auch für sie einer vulnerableren Lebensphase als in späteren Entwicklungsjahren.

Um sich nicht zu sehr anders zu fühlen, eignete Miya sich früh Bewältigungsstrategien an, die sich als sehr hilfreich erwiesen: »Ich erinnere mich, dass mein Vater mir mein eigenes Buch schenkte. Mein erstes Buch. Ich teilte es nicht mit meiner Schwester. Es war mein erstes, eigenes Buch, und ich war so glücklich! Es war ein kleines englisches Wörterbuch, und mein Vater sagte: ›Hier hast du die ganze Sprache und alle Wörter. Du kannst einfach dieses Buch lesen und alle Wörter markieren, die du nachschlagen musstest. Schlag sie einfach nach, und dann kennst du sie.‹ Also habe ich ein ganzes Wörterbuch gelesen!«[97]

Die Bewältigungsstrategie Akzeptanz half Miya sehr bei ihrer Leidintegration. Sie lernte die Sprache und hatte gleichzeitig das Gefühl, weniger anders zu sein. Wir sind alle anders, nur wie wir uns mit dem Anderssein fühlen, ist dagegen individuell. Die Frage ist, wie wir das Anderssein bewerten oder auch bewerten lassen. Akzeptieren wir, dass wir alle anders sind und reframen, formulieren diese Erfahrung um, so können wir unsere Andersartigkeit für uns akzeptieren und als weniger bedrohlich interpretieren. Fühle ich mich anders und ausgegrenzt, so geht dies eher auf mein Selbstwertgefühl ein, als wenn ich mich anders und integriert fühle.

Sprachbarrieren machten Miya verletzlich, da sie das so sehnlich erwünschte Zugehörigkeitsgefühl verhinderten. Für uns Menschen ist es altersunabhängig bedeutsam, dazuzugehören, ein Teil der sozialen Gruppe zu sein. Dies zeigt unter anderem das »Cyberball-Experiment« von Kippling D. Williams, Matthew D. Lieberman und Naomi I. Eisenberger: Beim virtuellen Experiment spielen sich drei Probanden im MRA-Scanner einen Ball zu. Nach einer Zeit werden zwei Probanden angewiesen, den Ball nicht mehr dem dritten Spieler zuzuwerfen, bis das Spiel zu Ende ist. Bei diesem Spieler werden während der Exklusion, die er als Ablehnung empfindet, dieselben Gehirnareale aktiviert wie bei physischem Schmerz. Soziale Exklusion wird im Gehirn also als echter Schmerz interpretiert:[98] »Ich fühlte mich nicht so belastet wie ein Traumatisierter«, erklärte mir Miya, »eher wie jemand, der ein bisschen aufwacht, um zu begreifen, dass man in einer Situation ist, in der man sich kompletten Abwehrsystemen aussetzen muss.«

Ich fragte sie, was ihr neben der Akzeptanz half, mit dem Gefühl des Andersseins umzugehen. Sie verwies auf ihre Spiritualität, mit der sie im japanischen Tempel groß geworden war. Die Poesie der Zenmönche habe ihr Unterstützung gegeben zu lernen, dass wir alle eins, alle Teil dieser Natur sind, egal wo wir leben, wie wir aussehen oder was wir tun. Miya erzählte mir von einem Zenmönch namens Dogin, der schon vor langer Zeit starb: »Er sagte etwas sehr Schönes in seiner Poesie: ›Erleuchtet vom Mond, der im ruhigen Geist wohnt, brechen sogar die Wellen zusammen und werden hell.‹ Wir sind alle eins, egal, wie unterschiedlich wir sind.«

Durch die Forschung (u. a. mit den Studienergebnissen von den Wissenschaftlern Jürgen Bengel und Lisa Lyssenko, 2012) konnten zwölf schützende Bausteine im Erwachsenenalter herausgearbeitet werden, die zur resilienten Entwicklung beitragen. Neben Optimismus, Empathie und weiteren Bausteinen wurde Spiritualität als bedeutsamer schützender Faktor beschrieben,[99] wobei spirituelle Menschen die Natur mit Heilung verbinden. Miya konnte über ihre spirituelle Erziehung einen Zugang zu sich selbst finden und einen Umgang mit ihren Gedanken, Gefühlen und ihrer Kunst entwickeln. Sie integrierte ihre Kerbe – das Problem der Kommunikation – über Elemente der Natur und ihrer Spiritualität in ihre Kunst. Darin gestaltet sie daher auch Naturelemente, um unter anderem die menschliche Entwicklung und Verbindung miteinander nahezulegen.

Resilienz wird bei ihr über die kontinuierliche Konfrontation des »Andersseins«, der Migrationserfahrung und der Sprachbarriere ein Teil ihres Lebens bleiben. Ihr Gemälde *Yūgen blue gold view* (2016) ist eine Zen-Koan (eine kurze Frage oder Anekdote), welche aus dem Zenbuddhismus stammt und die Einheit von Meereswelle und Meer darstellt. Ihr Gemälde zeigt eine Meereslandschaft, die von den Strahlen des Mondes erhellt wird. Das Meer und der Mond bilden eine tiefe Einheit. Unter dem Meer machen die hellen Mondstrahlen die Tiefe des Meeres erkennbar – eine tiefe und endlose Leere.

Miyas Gemälde zeigt in meinen Augen die Vulnerabilität und die Tiefe eines Menschen, mit widrigen Lebenssituationen umzugehen. Tag für Tag, Welle für Welle kommt das Leid und geht wieder. Es zeigt die Verbindung der Elemente Luft und Wasser in Einklang mit dem Mondlicht des Himmels. Dieses dringt durch die Verblauung und lässt erahnen, dass im Wasser noch eine ganz neue, unbekannte Welt verborgen liegt. Trotzdem ist dieses Wasser – genau wie der Himmel – still. Es wirkt gleichermaßen mystisch und ausgewogen. Vielleicht liegt darin auch die Fähigkeit, Ruhe zu bewahren, obwohl man nicht genau weiß, was da noch ist beziehungsweise kommt.

Yūgen wird als tiefgründige, mystische und zugleich traurige Schönheit des menschlichen Leids übersetzt. Resilienz ist Yūgen, da wir oft über unsere innere Stärke nicht Bescheid wissen, bis wir dieser ausgesetzt werden. Wenn das Leid anklopft, erkennen wir retrospektiv häufig, wie stark wir sind und wie wir diese Situation durchleben konnten, ohne psychisch oder physisch abzuzweigen. Resilienz ist eine für mich geheimnisvolle Kraft, die erst zum Vorschein kommt, wenn wir leiden. Es ist zwar die eigene Fähigkeit, auf Grundlage eigener Kompetenzen eine leidvolle Situation erfolgreich zu bewältigen, dennoch wissen wir häufig nicht, dass wir diese starken Anteile in uns haben, bis wir leiden. Eine geheimnisvolle Kraft, die in uns allen steckt.

Auch wenn die Kontexte der Leiderfahrungen bei diesen Interviews unterschiedlich sind, bilden beide Leidkontextualisierungen ab, die auf uns alle zutreffen können. Trotz aller Unterschiede sind sie doch über ihre Bewältigungsstrategie vereint: Akzeptanz. Was diese Beispiele zu zeigen vermögen, ist, dass das Integrieren von Akzeptanz in die eigene Geschichte, immer individuell verläuft. Miya integriert die Vulnerabilität bis heute in ihre Kunst, und Christian Peter Dogs im späteren Leben ins Helfen und in die Unterstützung psychisch Erkrankter. Akzeptanz ist ein gesunder Anteil von uns, vor allem, wenn es um Leiderfahrungen geht. Egal was ich tue oder fühle, wie sehr ich mich auch wehre: Das Leid bleibt da. Ich kann mich dagegen wehren oder mich durchgehend mit dem Problem beschäftigen und meine Gedanken ohne Ziel kreisen lassen. Die Akzeptanz ist der gesunde Median von Verdrängung und einer Gedankenrotation, bei der man sich durchgehend mit dem Problem beschäftigt. Um dich von Leid zu befreien, ist die Akzeptanz der bedeutsame Impuls, es so anzunehmen, wie es ist. In der Akzeptanz rotierst du nicht im ewig langen »Warum«, was dich nicht aus dem Leid befreit, sondern eher ins Leid hineinwerfen würde.

KONFRONTATION MACHT RESILIENT: STELL DICH DEINEM LEID

Teresa Enke – Konfrontation statt Eskapismus

> »Als mich Robbie [Robert Enke] ein paar Tage nach Laras Tod fragte: ›Meinst du, ich kann spielen am Sonntag?‹, sagte ich zu ihm: ›Natürlich spielst du, wenn dir das was bringt. Aber wenn du sagst, du kannst nicht spielen, verstehe ich es. Doch wenn du spielen willst, ist doch wurscht, was Herr Schmidt und Frau Müller denken, natürlich spielst du!‹«

Sich mit dem eigenen Leid zu konfrontieren und gleichzeitig sich selbst treu zu bleiben, die eigenen Bedürfnisse über mögliche Bewertungen der Umwelt zu stellen, ist unvorstellbar schwer. Wenn wir leiden, denken wir oft auch an andere oder daran, was diese wohl denken, wenn es uns seit längerer Zeit »schlecht« geht. Das erscheint zunächst auch logisch. Gerade, wenn wir uns in Situationen wiederfinden, die uns fremd sind, suchen wir nach Orientierung und hoffen, diese in unserer Umwelt zu finden. Das kann funktionieren, muss es aber nicht.

Ich weiß, es ist leichter gesagt als getan, aber dann wird es abermals wichtig, auf sich zu achten. Das Umfeld empfindet nicht deine Gefühle, und niemand kann dir deine Gefühle mit Tipps und Tricks abnehmen. Dein Umfeld kann nur für dich da sein. In welcher Form du dich ans Umfeld anlehnen möchtest, ist ebenso individuell. Wichtig ist dabei, auf dich zu hören und zu wissen, dass die Gefühle zu dir gehören.

Genau hier liegt eine der großen Stärken von Teresa Enke, Witwe des ehemaligen deutschen Nationaltorhüters Robert Enke und Gründerin der Robert-Enke-Stiftung. Sie musste zunächst zusammen mit ihrem Mann den Verlust der gemeinsamen Tochter Lara durchstehen und später seinen Tod durch Suizid, den sie auf ihre ganz eigene Weise aufarbeitete. Es gibt Menschen wie Teresa, die sich vom Außen, den gesellschaftlichen Anforderungen, wie man seinen eigenen Schmerz zu verarbeiten hat, abwenden und eigene Strategien im Umgang mit ihrem Leid entwickeln, die nicht zum Kollektivschicksal passen. Es braucht viel Mut, innere Stärke und Akzeptanz, sich derartigen Leiderfahrungen zu stellen, da wir über diese aktive Konfrontation das Leid sichtbar machen.

Konfrontation, aus psychologischer Sicht eine akzeptanzfördernde Maßnahme, ist ein rationaler Umgang mit positiven oder negativen Ereignissen unseres Lebens. Wie wir uns konfrontieren, ist individuell bestimmt, grundsätzlich jedoch gilt: Wenn ich einer Situation, der ich mich nicht stellen möchte, zu lange ausweiche, weil ich eventuell Angst oder Ekel empfinde, kann dies zum Aufbau von Leidensdruck und damit ebenso zu psychischen Beeinträchtigungen im Alltag führen. Verdrängung und Vermeidung sind keine heilsamen Methoden, um mit Leiderfahrungen umzugehen.

In den Verhaltensforschungen ist die Konfrontation ein bedeutender Baustein im Umgang mit allen Gefühlen eines Menschen. Vor allem bei Angststörungen ist die Konfrontationstherapie eine sehr effiziente Methode, um Besserung herbeizuführen. Klient*innen werden bei dieser Art der Therapie mit einem sogenannten »aversiven Reiz« konfrontiert, also mit etwas, das ihnen Angst macht, das Ablehnung oder sogar physische Symptome auslöst. Ein solcher Reiz ist immer an ein erlerntes, sogenanntes problematisch-habituiertes Verhalten wie zum Beispiel Vermeidungs- oder Fluchtreaktionen gekoppelt.[100]

Wird eine Situation vermieden, führt dies zu einer negativen Verstärkung, die das Problem – also die Angst – aufrechterhält. Auf Dauer ist ein solches Vermeidungsverhalten vor allem in solchen Situationen ungünstig, mit denen wir täglich konfrontiert sind. In der Psychotherapie ist die Methode der Konfrontation äußerst erfolgreich und hilfreich. Ich führe auch beispielsweise mit meinen Angstklient*innen Konfrontationstherapien durch, die schrittweise und kontrolliert zunächst eine gedankliche als auch im Folgenden eine reale Konfrontation beinhalten. Die Angst nimmt schrittweise ab, da wir uns an sie gewöhnen und neue Lernerfahrungen mit ihr machen. Demnach macht es Sinn, sich leidvollen Situationen zu stellen. Das ist wichtig zu wissen, da es zeigt, dass wir schrittweise lernen können, unsere Angst nicht zu vermeiden, sondern ihr direkt gegenüberzutreten. Die Angst wird sonst da bleiben und mit der Zeit größer werden.

Auf genau diese Weise ist auch Teresa Enke ihre Konfrontation mit den Leidenssituationen angegangen. Was sie mir erzählte, klang wie ein Appell: »Trauere so, wie du möchtest! Und wenn du in Schwarz zehn Jahre lang rumlaufen möchtest, dann mach das. Vielleicht ist das nicht so gesund für dein Denken, aber wenn es dein Bedürfnis ist, dann mach das. Und lass dir nicht erzählen, du darfst nicht bunt rumlaufen oder danach zum Feiern gehen.«

Ich traf Teresa 2020 in Hannover. Treffpunkt: ein Café in der Nähe des Bahnhofs. Das war mein zweites Interview. An diesem Morgen plagten mich starke Kopfschmerzen. Vielleicht lag es an meiner Aufregung oder an meiner Angst, im Detail von ihren Schmerzerfahrungen zu hören? Diese vielen Erinnerungen aus den Medien an die Frau, die ihr Kind und ihren Ehemann verloren hatte, verunsicherten mich. Ich erinnere mich an abstoßend plakative bis reißerische Schlagzeilen wie »Nationaltorwart warf sich vor den Zug«, welche mich damals schon erschreckten. Wie konnten Menschen so unsensibel handeln, während diese Frau einen der größten Schrecken ihres Lebens verarbeitete? Zu der Zeit wusste ich noch nicht, dass ich eines Tages mit Teresa zusammensitzen und ein Interview mit ihr führen würde, um mit ihr über ihre Schmerzerfahrungen sowie ihren persönlichen Umgang mit Schmerz zu sprechen. Doch ohne Teresa zu kennen, hatte ich eine Zuversicht, dass ihre toughe und reflektierte Art mir in meinen Unsicherheiten helfen würde.

Und in der Tat fühlte sich unser Aufeinandertreffen überraschend vertraut an, als würde ich Teresa schon lange kennen. Ich war fasziniert von ihrer inneren Ruhe. Vor mir saß diese sehr resiliente, liebevolle Frau, die mit mir offen und locker über alles sprach: über ihre Bezugspersonen, Kindheit, Jugend und natürlich auch über Lara und Robert, wie Robert und sie sich kennengelernt hatten und wie viel ihnen beiden ihre Beziehung gab. Als wir nach diesen schönen Themen auch darauf zu sprechen kamen, wie sie mit der Krankheit und dem Tod ihrer Tochter umgehen konnte, gab sie mir eine erste Antwort, mit der ich so nicht gerechnet hätte:

»Viele haben immer gesagt: ›Wie schaffst du das?‹« Damit meinte sie die Diagnose und den Tod ihrer Tochter Lara. Ihre Tochter litt unter dem hypoplastischen Linksherzsyndrom (kurz HLHS), einem schweren Herzfehler, und dem Turner-Syndrom. Teresa erhielt die Diagnose in der 23. Schwangerschaftswoche. Die ersten sieben Monate nach der Geburt verbrachte Lara auf der Intensivstation. Nachdem sie diese Zeit überlebt hatte, kam sie endlich nach Hause. Für eine Mutter ein Albtraum. Teresa sagte mir, die Angst im Vorfeld, sprich: die Angst, ihrer Tochter *könne* etwas zustoßen, sei für sie schwieriger auszuhalten gewesen: »Als sie dann gestorben ist, habe ich gesagt: ›Ich muss jetzt keine Angst mehr haben!‹ Das war die einzige Erleichterung, weil ich immer Angst um sie hatte. Das war diese Angst vor diesem Moment.«

Das eigene Kind zu verlieren, lässt sich wohl kaum in Worte fassen. Nichts auf dieser Welt kann das Leid von Eltern nach dem Tod des eigenen Kindes beschreiben. Dennoch wollte ich wissen, wie Teresa sich mit dem Verlust »arrangieren« konnte, wenn man das überhaupt so sagen kann. Sie erzählte mir, wie sie Lara nach ihrem Tod zu sich nach Hause holte, da sie sich auf ihre Weise verabschieden wollte. Insgesamt fünf Tage konnte sie Abschied von ihr nehmen. Sie brachte Lara nach Hause und legte sie in die Mitte des Bettes.

»Ich wollte das und ich habe das gemacht. Da sind die Nachbarskinder rübergekommen und haben sich verabschiedet von Lara, meine Hunde sind um sie rum, und dann fragte das eine Kind: ›Was wird jetzt mit all den schönen Spielsachen?‹ Dann dachte ich mir so: Och, Kinder! Dennoch, das tat gut,und ich war da halt offensiv. Ich bin immer an den Schmerz rangegangen.«

An die Konfrontation »rangehen« erfordert viel Kraft und Stärke in Zeiten des Schmerzes. Es fordert Realismus, keinen Eskapismus. Teresa ist nicht vor der Realität geflohen, sondern hat sich dieser bewusst gestellt. Als ihr Mann Robert starb, holte sie auch ihn zum Abschiednehmen für mehrere Tage nach Hause. Sie nutzte ihren Kampfgeist und schuf ihre eigenen Rahmenbedingungen für eine Konfrontation im Umgang mit ihrer Situation. Das verdeutlichte ihrer Umwelt, aber wahrscheinlich auch ihr selbst, dass ihre Leiderfahrung ihr eigenes Projekt ist und niemand ein Recht darauf haben kann zu bestimmen, wie sie diese Phase zu gestalten hat. So konnte sie auf ihre Art trauern und sich den teils unbequemen Reaktionen oder auch Mitleidsbekundungen des Umfeldes entziehen.

»Die schlimmsten Reaktionen, fand ich, waren dann halt so, die Hand auf meine Hand legend: ›Wie geht's dir denn?‹« Teresa wollte nicht, dass ihr Umfeld sie bemitleidete oder viel über ihr Leid sprach, das sie für sich selbst verarbeitete. Ganz bewusst und ausgewogen verbrachte sie Zeit mit Freunden und auch mit Bekannten aus dem Dorf: »Lustigerweise habe ich dann nicht nur mit meinen engsten Vertrauten gesprochen«, erklärt sie, »sondern auch mit Leuten aus dem Dorf zu tun gehabt. Die haben mir keine Fragen gestellt.« Teresa besaß nicht nur die Fähigkeit, ihr eigenes Leid direkt anzugehen, sondern auch die Kunst, sich von unbequemen Fragen zu distanzieren und eine ausgewogene Balance zwischen dem Teilen ihrer Gefühle und dem Zurückhalten bestimmter Details zu finden.

Nach Laras Tod war sie von außen teilweise kritisiert worden für ihre Entscheidung, sich zu Hause mit dem Verlust ihrer Tochter auseinanderzusetzen, als auch für ihre eigene Trauerbewältigung. Gleichzeitig erfuhr sie jedoch erhebliche Unterstützung von ihrem privaten Umfeld. Trotz der kritischen Stimmen in den Medien ließ sie sich nicht von außen verunsichern, blieb standhaft in ihrer Art der Trauerverarbeitung und ließ sich nicht von den Meinungen anderer beeinflussen. Als sie schließlich beschloss, Robert nach Hause zu holen, war dies für einige in ihrem Umfeld möglicherweise zu viel: »Viele hatten Angst, da habe ich gesagt: ›Ihr müsst doch auch nicht reingehen, das ist doch jedem selbst überlassen. Ich brauche es, also lasst mich, fasst mich an die Füße, ich mache das so.‹ Ich glaube, es ist mein Kampfgeist!« Sie wandte sich von den Meinungen des Außen ab, setzte ihre emotionalen Grenzen zum Außen und nahm sich ihr Recht, so zu trauern, wie es sich für sie gut und richtig anfühlte.

Teresas Kampfgeist fiel auch mir direkt ins Auge. Bei unserem Gespräch erschien sie mir sehr reflektiert und ganz bei sich. Bei sich bleiben ist eine Kunst, die nicht alle Menschen beherrschen. Wir neigen dazu, uns eher dem Umfeld anzupassen, als bei uns zu bleiben, dass bloß keiner über unsere Leiderfahrung spricht. Teresa blieb sich treu.

In meiner beruflichen und privaten Laufbahn begegnete ich so einigen Eltern, die ebensolche Erfahrungen machen mussten, die mir berichteten, dass sie nur überleben konnten, weil sie ein weiteres Kind hatten, für das sie »weiterleben mussten«. Auch Teresa berichtete, dass sie durch ihren Kampfgeist für ihre Tochter Laila und ihre Haustiere einen Drive verspürte, weiterzumachen: »Ich bin ein verantwortungsbewusster Mensch, das ist bei mir ganz ausgeprägt. Ich hatte Laila und ich hatte die Tiere, und ich habe gesagt: ›Okay das schaffst du.‹«

Sie setzte auf positive, mutmachende Gedanken und gestaltete das Leben in der Veränderung weiter. Ihre Konfrontation beinhaltete, Leid für sich mit *Nähe* zu verarbeiten. Die gesellschaftlichen Anforderungen an unseren Umgang mit Leid lassen uns subjektiv nicht richtig leiden. Die Kunst hierbei, so verdeutlicht es auch Teresa Enke, ist der an den Bedürfnissen der eigenen Person orientierte Umgang. Man muss schlicht gut auf sich und die eigenen Bedürfnisse achten. Sobald du dies erlaubst, findest du auch für dich Strategien, es auszuleben, so wie Teresa in der Lage war, auf sich zu achten und sich das zu nehmen, was sie in dem Moment brauchte.

Sie hat eine gute Selbstwahrnehmung, die, wie bereits im letzten Kapitel beschrieben, ein bedeutsamer Resilienzfaktor ist. Es ist eine bewusste Entscheidung, für das eigene Gefühl und die eigene Empfindung zu stehen. Natürlich geht damit eine Abgrenzung zur Erwartungshaltung unserer Umwelt einher – oder zumindest dazu, was wir der Umwelt unterstellen, was diese Erwartungshaltung ausmacht.

Grenzen setzen ist eine Kunst, und ganz besonders dann, wenn es um emotionale Grenzen geht. Es bedarf viel Übung, sie zu meistern, und wie viele von uns beherrsche auch ich diese Kunst noch nicht vollständig und muss sie immer weiter erproben. Ich erinnere mich an Situationen, in denen ich mich und meinen Schmerz nicht abgrenzen konnte, sondern sehr darauf geachtet habe, was wohl andere denken könnten. Obwohl Leid so eine ichbezogene und überwältigende Emotion sein kann, passiert es schnell, dass wir uns dabei selbst vergessen. Wir empfinden gesellschaftlichen Druck, obwohl wir uns in den betreffenden Momenten vermutlich selbst am wichtigsten sein sollten – schließlich findet unser eigenes Leid nur in uns selbst statt und in niemand anderem.

Ich bewunderte Teresa nicht nur aufgrund ihrer resilienten Haltung und ihres unerbittlichen Bestrebens, trotz leidvoller Erfahrungen ein erfülltes Leben zu führen. Auch blieben mir ihre letzten Worte beim Interview bis heute im Hinterkopf: »Lass dir nicht erzählen, du darfst nicht bunt rumlaufen oder danach zum Feiern gehen.«

Teresa wusste, dass sie ihrem Leid über die Konfrontation begegnen kann. Sie blickte auf sich und ihre schmerzhaften Emotionen. Sie verdeutlichte, dass es möglich ist, sich vor etwas nicht zu drücken, vor der größten Angst nicht davonzulaufen, nicht zu fliehen, sondern sich das eigene Leid aktiv vor Augen zu führen. Sich dem größten Leid auf Zeit, die Körper der Geliebten bei sich zu haben, zu stellen und darüber für sich Weisheit zu gewinnen.

Die Konfrontation besteht nicht nur in der Konfrontation mit dem Leid, sondern auch darin, zu schauen, was man selbst braucht, um diesen emotionalen Schmerz zu durchleben. Das Leid muss nicht im gesellschaftlich eng geschnürten Korsett verhandelt werden. Was die anderen dabei über ihre Leidverarbeitung sagten, war für Teresa, die im Rampenlicht der Medien stand, nicht wichtig. Sie wusste, dass sie für sich einen Umgang finden möchte. Es bietet sich eine Chance für die Leidverarbeitung, wenn man bei sich bleibt und seine eigenen Bedürfnisse im Prozess betrachtet.

»Was man am Anfang gedacht hat, so kurz danach, nach Laras Tod: ›Ich werde nie wieder ein Kind bekommen‹ – das war vor Laila, und die Zeit heilt die Wunden nicht! Ich habe jetzt wieder ein gutes Leben, und es war schwer. Ich traue mich das auch zu sagen, dass ich wirklich wieder ein schönes Leben habe. Ich bin super dankbar, auch für die Zeit, die ich hatte, auch die schweren Phasen. Würde ich heute auf dem Sterbebett liegen, gut, bin zu wenig gereist und so, aber dann würde ich sagen: ›Ne, mein Leben war wirklich erfüllt, ich hatte ganz tolle Menschen um mich.‹«

An diesem Tag fuhr ich mit unterschiedlichen Gefühlen zurück nach Köln. Teresas Resilienz inspirierte und motivierte mich. Gleichzeitig schmerzten mich die Schilderungen des Verlusts. Am eindrücklichsten ist mir Teresas Lächeln in Erinnerung geblieben, als sie über ihre Tochter und Robert sprach. Selbst beim Berichten über den Schmerz ihres Verlustes zieht sie Kraft aus den schönen Erinnerungen. Ich durfte an diesem Nachmittag eine mutige und großartige Frau kennenlernen und vor allem viel von ihr und ihrer Perspektive auf Leid und Resilienz mitnehmen. Ihr Leid hat uns verbunden.

Max Schautzer – Für sich selbst und andere einstehen

> »Leben ist nicht immer Sonnenschein, der Wind kommt nicht immer von hinten und trägt dich dann nach vorne, sondern es gibt viel, viel Gegenwind, Seitenwind oder was auch immer, und man kann also nicht sagen ›Ich nehme das Leben so, wie es ist‹, das ist auch nicht richtig«.

Mein Interviewpartner Max Schautzer, der österreichische Moderator, Autor und Schauspieler, auf dessen außergewöhnliche Lebensgeschichte ich über einen geschätzten Freund aufmerksam wurde, durchlebte eine andere Leidsituation, die er ebenso konfrontierte. Ich kannte Max Schautzer noch vage aus Kindheitserinnerungen, als mein Vater noch regelmäßig seine ARD-Sendung *Pleiten, Pech und Pannen* schaute. Bis zu unserem Gespräch für dieses Buch wusste ich aber zugegebenermaßen wenig über ihn.

Wir trafen uns an einem verregneten Aprilvormittag in einem Café in der Kölner Innenstadt. Ob es durch seine Zeit beim Fernsehen kommt oder schon immer so war, weiß ich nicht, doch

Schautzer ist wohl das, was man einen geborenen Entertainer nennt: Seine Erzählungen fesselten mich gleich zu Beginn, und er nahm mich mit auf eine spannende Reise in seine Vergangenheit. Sie führte uns direkt in seine Kindheit, die sich während der Schrecken des Zweiten Weltkriegs zutrug. Trotzdem beschrieb Max Schautzer seine Kindheit als angenehm und sehr spielerisch. Die Erinnerung an Bomben und Krieg waren zwar da, dennoch waren ihm die enge Beziehung zur Mutter und der Familienzusammenhalt vordergründig in Erinnerung geblieben. Die Kriegserfahrungen beschrieb er zu meinem Erstaunen gar nicht als die vulnerabelste Situation, die er erleben musste. Denn stattdessen erlebte er diese tatsächlich erst Jahrzehnte danach, in seiner späten Karriere.

Max Schautzer machte die Erfahrung, ohne jegliche Vorwarnung von einem Tag auf den anderen seinen Beruf zu verlieren: »Ja, das ist keine Alltagssituation, welche natürlich auch meinen Alltag beeinflusst hat. Ich würde auch sagen, dass es meinen Alltag danach verändert hat.« Es war an dem Geburtstag seiner Frau. Er saß im Auto, als er den Anruf bekam, in dem ihm mitgeteilt wurde, er habe seinen Job verloren: »Wir wollen die Sendung verjüngen«, erinnerte Schautzer sich an das einschneidende Gespräch.[101]

Viele von uns kennen das Gefühl, den jahre- oder jahrzehntelang ausgeübten Beruf nicht mehr ausführen zu können. Man ist nicht nur ohnmächtig dem Gefühl ausgeliefert, sondern empfindet Wut und Trauer zugleich. Dies stellt einen enormen Risikofaktor für den Menschen dar – immerhin bestimmt die Arbeit den Großteil unseres Lebens. Sie sichert nicht nur unsere Existenz, sondern ist auch Quelle unserer Selbstwirksamkeit, schafft Kontakte und wird für viele gar identitätskonstituierend. Wer schon mal seinen Job verloren hat, weiß, wie elendig und leidvoll es sich anfühlt. Es schlägt zudem auf unsere physische und psychische Gesundheit: So konnten verschiedene Studien, wie beispielsweise die IAB-Studie (2007–2018) belegen, dass Menschen nach einem Jobverlust mehr Ängste entwickeln und öfter in bedrückter Stimmung sind.[102] Man fühlt sich hilflos und ungerecht behandelt.

Vor diesem Hintergrund ist gut nachvollziehbar, dass der Jobverlust Max Schautzer kränkte, psychisch belastend war und ihn mit vielen Fragen zurückließ: »Schluckst du das Ganze und verhältst dich jetzt erstmals ruhig, und dann kriegst du ein Magengeschwür oder wartest drauf, bis irgendwie ein anderes Angebot kommt? Nee, so geht man mit mir nicht um!«

Letztendlich stand der Moderator für sein Recht ein. Ihm waren die negativen Folgen der Verdrängung bewusst, dass, wenn er nicht für seine Rechte einstehen würde, er eventuell auch physische Probleme davontragen könnte. Er kannte seine Rechte und konfrontierte sich mit der Ungerechtigkeit, der Leidenssituation: »Das Leben ist eigentlich ja im Allgemeinen immer eine Herausforderung für jeden. Es kommt also nichts von selbst.« Er ließ sich nicht so einfach abhängen, sondern ging in die Konfrontation mit dem sehr publiken Thema. Das hätte auch nach hinten losgehen können.

Ich finde es aus psychotherapeutischer Sicht jedoch äußert wertvoll und ratsam, sich seinen Sorgen zu stellen, wie Herr Schautzer es getan hat, und für sein eigenes Recht einzustehen, sofern man dadurch anderen keinen Schaden zufügt. Hierüber lernen wir nicht nur, unsere Gefühle ernst zu nehmen, sondern auch unsere Probleme über »adaptive Akzeptanz« zu lösen. Aus der Resilienzforschung wissen wir, dass adaptive Akzeptanz wichtig ist, um das eigene psychische Wohlbefinden zu schützen, also nicht alles, was einem passiert, einfach so zu akzeptieren.[103] Wir können nicht alles, was zurückliegt, einfach so akzeptieren, wenn wir beispielsweise für unser Recht einstehen können. Wir müssen in uns gehen und herausfinden, wie wir unser belastendes Gefühl ausgleichen. Unsere eigene psychische und physische Gesundheit sollten wir so weit priorisieren, dass wir eine Balance mit den Problemen finden, die uns leiden lassen.

Es gibt tatsächlich nicht die eine Bewältigungsstrategie, um Leiderfahrungen im Beruf resilient anzugehen. Max Schautzer setzte sich nicht nur für sein eigenes Recht ein, sondern half Menschen mit ähnlichen Problemen im Beruf. Das eigene Leiden anzunehmen und in soziales Engagement zu übertragen, war auch Max Schautzers Bewältigungsstrategie. Er beschloss, Gleichgesinnten, die aufgrund des Alters von heute auf morgen gekündigt werden, zu helfen: »Ich wollte eben auch handeln! Weil ich gemerkt habe, dass es ein gesellschaftliches Problem ist und ich Reaktionen bekommen habe.«

Den eigenen Schmerz mit anderen zu teilen und zu helfen, kann am besten gelingen, wenn die eigene Konfrontation vorher erfolgt ist, da man den eigenen Schmerz für sich bereits durchlebt und sortiert hat. Man teilt das Leid, weil man die Leidverarbeitung für sich kennt. Man kennt die Hürden dieser Verarbeitung besser als jene, die sie nicht erlebt haben: »Man muss die Herausforderung annehmen, auch was Gesundheit und Fitness betrifft. Man ist selbst größtenteils dafür verantwortlich, und das ist das Leben! Es stellt uns vor Herausforderungen, vor Aufgaben, die wir bewältigen müssen. Also Leute, die sich hinstellen und gleich jammern, wenn der erste Gegenwind kommt, die haben das nicht verstanden!«

Als ich Parastou Forouhar, die persische Künstlerin und Professorin für Kunst, im Interview kennenlernte, erkannte ich eine ähnliche konfrontative Bewältigung ihrer Leiderfahrung. Sie entwarf ebenso wie Teresa Enke und Max Schautzer Bewältigungsstrategien, indem sie sich mit dem Mord ihrer Eltern gegen politische Richtlinien wendete und für Gerechtigkeit einstand. Sie wuchs in einem politisch aktiven Elternhaus im Iran auf, in dem die Rechte ihrer Mitbürger*innen im Vordergrund standen.

Parastou Forouhar – Für Recht und Menschlichkeit

> »Auf der Beerdigung meiner Eltern waren Tausende von Menschen – so weit mein Blick reichen konnte –, die sehr betroffen waren. Das hat mir Halt gegeben! Das hat mir total Halt gegeben, um mit solch einer Katastrophe umzugehen und zu denken: ›Da stehe ich nicht alleine da‹; das ist das, was man gemeinsam vorantreiben wird.«

2020 hatte ich das Telefoninterview mit Parastou. Es war ein Montag im März, ich rief sie zu Hause an und hatte das Aufnahmegerät schon bereitgestellt. Irgendwie war ich aufgeregt, weil ich wusste, dass wir Themen besprechen würden, die mich bewegen und auch unruhig machen. Mord, Verlust der Eltern, iranische Politik. Vielleicht lag es an den Exilerfahrungen meiner Eltern, den vielen politischen Geschichten und Erzählungen meines Vaters. Auch meine Kaffeetasse stand schon bereit, doch meine Nervosität konnten diese Vorbereitungen nicht mindern.

Parastou erzählte mir zu Beginn vieles aus ihrer Kindheit. Ich fand es sehr schön, wie sie nostalgisch ihre Kindheitserinnerungen mit mir teilte. Von klein auf erlebte sie ihre Eltern als sehr präsente und stabile Bezugspersonen. Sie wurde mit dem politischen Engagement ihrer Eltern groß und lernte früh, diese Erfahrungen zu integrieren. Sie erzählte von ihrer Zeit mit ihren Eltern im Iran, und von deren politischem Engagement, welches bereits vor ihrer Geburt stattfand. Irgendwie hatte ich ein ungutes Gefühl, sie im nächsten Moment nach ihrer vulnerablen Phase zu fragen. Immerhin wusste ich, dass es sich dabei um die Ermordung ihrer Eltern handelte. Parastou erfuhr an einem Sonntagabend über das Telefon, dass ihre Eltern getötet worden waren. Ich hörte durchs Telefon, wie sie eine Zigarette anzündete und einen tiefen Atemzug machte.

»Das war der Moment, wo meine Welt zusammenbrach, wo alles irgendwie zusammenklappte – aber ich hatte auch meine Familie, meine beiden Söhne, die auch eine sehr starke Bindung zu meinen Eltern hatten. Die waren auch da, und ich kann mich nicht daran erinnern, ob ich sie trösten konnte. Ich habe nur zerrissene Bilder von dieser Phase [...], aber ich wusste genau, von der ersten Sekunde, dass ich hinfahren muss – in den Iran.«

Mit dem Mord der eigenen Eltern umzugehen, ist eine surreale und schockierende Situation. Sie bedeutet zwangsläufig einen Kontrollverlust. Ein Mord an sich ist unserem Alltag so fern. Wir beschäftigen uns höchstens über Krimis damit – und selbst in dieser Auseinandersetzung bleibt das Thema für uns doch weit entfernt. Parastou hat diese zerrissenen Bilder bis heute. Sie musste zur Identifikation ihrer Eltern zur Gerichtsmedizin in Teheran und dafür in den Iran einreisen. Für sie war es bedeutsam und ihr Recht, die Körper ihrer ermordeten Eltern zu sehen. Im Iran angekommen, wollte man ihr aber nur erlauben, die Gesichter ihrer Eltern zu sehen, wogegen sie sich heftig wehrte, da ihr das nicht ausreichte. Sie wollte sehen, was das Regime ihnen angetan hatte.

»Ich wollte meine Eltern beerdigen und mich der Situation stellen. Ich wollte sehen, was mit ihnen passiert war! Ich habe in dem Moment auch gedacht: Ich kann es nicht zulassen, dass die mir nicht zeigen, was mit den beiden geschehen ist. Die Leichen meiner Eltern waren eingewickelt in irgendwelche Decken, und [die Gerichtsmedizinerin] hat immer mit ihren Händen meine Hände weggestoßen, doch ich wollte sie aufmachen und ihre Körper sehen. Ich habe mich durchgesetzt! Auch die Erinnerung an die beiden von mir so geliebten Menschen, die Körper, mit denen ich mein ganzes Leben gekuschelt habe [...]. Die Bilder waren total zerrissen, und ihre Körper waren voller Wunden.«

Parastou setzte sich für ihr Recht ein, wehrte sich gegen die iranische Politik und die Entscheidung, dass sie nur die Gesichter sehen durfte. Um ihr Leid aufzuarbeiten, benötigte sie, ähnlich wie Teresa Enke, Nähe. Diesen Weg konnte sie am besten für sich verstehen und akzeptieren, was passiert war. Die Konfrontation mit den Körpern ihrer Eltern half ihr, das Leid anzunehmen und ihm zu begegnen.

Das Leid konfrontieren meint jedoch nicht mittelbar, das Leid erfolgreich bewältigt zu haben: »Ich weiß nicht, ob ich diesen Anblick ›erfolgreich‹ nennen kann. Ich habe einfach versucht, damit umzugehen, ich habe versucht, alles zu überblicken, zu verstehen, was die mit den beiden gemacht haben, und dann über alles zu berichten, was in diesem politischen Kontext passiert ist, die Unmenschlichkeit, die geschehen war, immer wieder zu thematisieren!«

Viele Leiderfahrungen können wir nicht aus unserem System bannen. Wir werden sie nicht los, sondern leben mit ihnen weiter. Nicht alles Leid verschwindet in der Verarbeitung. Unser Leid ist immer auch Ausdruck eines Teils von uns, welcher uns genommen wurde. Es ist okay, wenn wir nicht vergessen, sondern konfrontieren und realisieren. Man kann nie erwarten, dass man derartige Leiderfahrungen vergisst, wie den Verlust eines Partners, des eigenen Kindes oder einen Mord. Im Gegenteil, es ist menschlich, diese Erfahrungen immer bei sich zu tragen.

Nur wie ich es bei mir trage, macht den Unterschied. Parastou hat nie aufgehört, diesen Schmerz aus ihrem Leben entgleiten zu lassen, und setzte es ebenso in ihrer Kunst um: In ihrer Kunst hat Parastou seit der Ermordung ihrer Eltern viele Schmetterlinge abgebildet. »Parvaneh« steht für Schmetterling und so hieß auch ihre Mutter. Dies ist die »integrative Konfrontation«, dahingehend, den Namen ihrer geliebten Mutter in ihrer Kunst zu verewigen. Den Schmerz, die Ohnmacht und die Ungerechtigkeit, denen sie unterlegen war, haben ihre Wunden hinterlassen. Ihr ist trotz der Unmenschlichkeit, die sie erfahren hat, viel Menschlichkeit geblieben. Viele Menschen auf der Welt und im Iran standen neben ihr, teilten das gemeinsame Leid aufgrund der Ungerechtigkeit des iranischen Regimes.

Kontext- und situationsunabhängig ist Leid über Konfrontation fassbar. Wenn wir uns mit Leid konfrontieren, schmerzt es unbeschreiblich und macht uns im ersten Schritt noch vulnerabler – dennoch erdet es uns. Erden bedeutet ankommen und realisieren, dass der Zustand nicht veränderbar ist. Es bringt uns zurück zur Realität. Wir erkennen, dass das, was gerade passiert, real ist. Leid lässt sich konfrontieren, indem wir uns bewusst in Situationen begeben, in denen wir uns aktiv mit unseren aversiven Reizen auseinandersetzen. Oder auch darüber, für das eigene oder das Recht anderer zu kämpfen.

Wie ich durch meine Gespräche gelernt habe, scheint es geradezu eine subjektiv gesunde Bewältigungsstrategie zu sein, sich dem Schmerz bewusst zu stellen und den Prozess der Verarbeitung darüber aktiv zu gestalten. Ebenso scheint es eine gelungene Bewältigungsstrategie zu sein, das eigene Leid zu teilen und anderen in derselben Situation zu helfen – so wie Teresa Enke mit der Robert-Enke-Stiftung und ihrem Engagement für herzkranke Kinder, Max Schautzer über das soziale Engagement für Altersdiskriminierung und Parastou Forouhar, die sich politisch gegen die unmenschlichen Zustände im Iran engagiert.

Das Leid sichtbar zu machen und es mit anderen Leidenden zu teilen, führt zu innerer Widerstandsfähigkeit. Es gibt Mut und ein tragendes Bewusstsein, nicht allein mit der eigenen Situation zu sein.

NUTZ DEINE PAIN-POWER: MACH DAS UNMÖGLICHE MÖGLICH

Die Marke Apple kennen wir wohl alle, und deren Begründer Steve Jobs ebenso. Wenn man das Imperium betrachtet, welches er mühsam aufgebaut hat, denkt man sich, es sei unmöglich, genauso erfolgreich zu werden. Jobs hatte kein einfaches Leben: Er wurde adoptiert, beendete die sehr teure Universität nicht, da er keinen Sinn im Studium sah. Er hörte auf sein Bauchgefühl, hatte keine Ersparnisse mehr, schlief bei Freunden auf dem Boden, besuchte nur Kurse, die ihn interessierten und die er sinnvoll fand, er gab Coladosen zurück, um sich mit den fünf Cents etwas zu essen holen zu können, und lief jeden Sonntag etwa elf Kilometer für eine warme Mahlzeit. Er hielt an seinen Zielen fest, da er einen Beruf ausüben wollte, der ihn erfüllte. Auf dem Weg nach ganz oben scheiterte er oft, wurde belogen und doch gab er nicht auf: »I've been rejected, but I was still in love.«[104] Das Unmögliche kann möglich gemacht werden. Steve Jobs nahm das Scheitern an und machte weiter.

Viele Ziele sind für uns zu Beginn der Zielsetzung so abstrakt, anstrengend, surreal und so voller Hürden, dass wir nicht an die Zielerreichung glauben. Es hilft uns dennoch mental, Ziele zu setzen und das Leben motivierend zu gestalten. Ziele halten uns am Leben und lassen uns nicht in Langeweile und Routine versinken. Allein das Gefühl, einem Ziel nachzugehen, löst viel positive Energie aus, wenn man dranbleibt und realistisch mit dem Ziel umgeht. Die ersten Schritte sind schwer, doch ist man einmal im Flow, dann rückt das Ziel näher, als man denkt. Ziele haben, bedeutet auch nicht immer, diese zu erreichen – im Gegenteil: Viele Bausteine, das Außen und der Lebenslauf können unsere Zielplanung kurz- oder langfristig pausieren lassen.

Leid lässt unsere Ziele pausieren – aber was ist, wenn ich dir sage, dass du trotzdem weiterhin und vor allem über das Leid deine Ziele realisieren kannst? Aus der Resilienzforschung geht deutlich hervor, dass Selbstwirksamkeit ein Resilienzfaktor ist. Den vielen Resilienzstudien konnte entnommen werden, dass resiliente Menschen die Kompetenz Selbstwirksamkeit besitzen, das heißt, sie haben die eigene Überzeugung, etwas trotz Hindernissen zu schaffen.[105] Neben dem Erreichen von Zielen lernen wir über die Selbstwirksamkeitserfahrung ebenso, mit Kritik und Hürden umzugehen und hierüber zu wachsen.

Scheitern gehört dazu. Meine Ziele haben mir nicht nur geholfen, mich in meinem Beruf, sondern auch vor allem privat zu entwickeln. Über die Zielerreichung habe ich für mich gelernt, dass ich doch alles, was ich mir vornehme, mit Mühe und Arbeit erreichen kann, da ich es will. Am wichtigsten war für mich der Umgang mit dem Scheitern zu erlernen, um mich in meiner Selbstwirksamkeit richtig erleben zu können. Ich habe Lernprozesse hierüber entwickelt, die ich vorher nicht kannte.

Das *Harry-Potter*-Manuskript von J. K. Rowling wurde mehrfach abgelehnt – heute ist es eines der bekanntesten Werke weltweit. Rowling hielt an ihrem Ziel fest – Harry-Potter-Fans sei Dank! Ziele haben und daran festhalten, weil man das Ziel als Leidenschaft betrachtet, ist eine Kernessenz für einen gesunden Umgang zur Zielerreichung.

Es gibt so viele Situationen in unserem Leben, denen wir hilflos ausgeliefert sind. Situationen, in denen wir nicht weiterwissen. Situationen, die plötzlich kommen und nicht mehr gehen. Als man die Krebserkrankung meiner Mutter diagnostizierte, half mir meine Arbeit im ersten Schritt sehr, mit der Krankheit und der daraus resultierenden neuen Lebenswelt umzugehen. Die Struktur und meine Leidenschaft zum Beruf halfen mir, weiterzumachen und positiv zu bleiben. Rückblickend glaube ich, dass mich vor allem das Schreiben motiviert hat, das Leid zu integrieren, weil ich über meine Ausarbeitungen zum Leid die Resilienz von Menschen im Umgang mit Leiderfahrungen kennengelernt habe, die mir neue Blickwinkel auf den Diskurs brachten.

Leiden zu betrachten kann uns abstumpfen oder unser Leben lebenswerter machen. Diese Erkenntnis mag zunächst egoistisch klingen, aber sie trägt auch Wahrheit in sich. Dies bestätigte mir auch meine Interviewpartnerin, die Menschenrechtsaktivistin Cara Yar Khan aus New York.

Cara Yar Khan – An Zielen festhalten, Hindernisse überwinden

»Besonders wichtig ist es, wenn du es mit einer Zeit zu tun hast, in der du dich schwach, unsicher und traurig fühlst, nicht nur zu reflektieren, sondern tatsächlich hinzugehen und jemand anderen zu beobachten. Solidarität und gemeinsame Erfahrungen sind ein großartiger Weg, um Perspektive zu gewinnen und zu erkennen, dass du nicht allein bist.«

Ich stieß durch Zufall auf Cara Yar Khans Ted-Talk »The beautiful balance between courage and fear«, und sie begeisterte mich so sehr, dass ich sie für mein Buchprojekt anschrieb. Sie antwortete mir schnell, und wir vereinbarten ein zeitnahes Facetime-Kennenlernen. Bereits zu Beginn des Gesprächs waren wir vertraut und starteten mit den vulnerablen Phasen ihres Lebens. Cara erzählte mir gleich als Erstes von der Alkoholerkrankung ihrer Mutter, der Scheidung ihrer Eltern im Kindesalter und ihrer Jugendzeit, die zum einen von der Abwesenheit einer Mutterfigur und zum anderen von der Nähe zum Vater geprägt war:

»Mit elf, zwölf Jahren hatte meine Mutter, wie sie es oft tat, mich und meinen Bruder nachts allein zu Hause gelassen. Sie war unterwegs, was trinken. Ihr Freund konnte sie nicht finden, und ich erinnere mich, dass sie betrunken war, als sie nach Hause kam. Er schrie und brüllte sie an, warf ihr vor, mit einem anderen Mann zusammen gewesen zu sein. Er versuchte, sie zu vergewaltigen, und schlug sie vor meinen Augen! Ich rannte in die Küche, holte ein Metzgermesser, rannte zurück ins Zimmer und sagte: ›Ich werde dich töten, wenn du nicht gehst.‹ Er lachte mich aus: ›Du bist lächerlich‹, aber er ist gegangen!«

Caras Kindheit, insbesondere in Bezug auf ihre Mutter, brachte sie in äußerst belastende Situationen. Sie musste sich um ihren Bruder und sich selbst kümmern und hat viele solcher Erlebnisse die sie bis heute verarbeitet hat, wie sie mir im weiteren Gespräch erzählte. Erst im Alter von 39 Jahren begann sie eine Therapie. Hauptsächlich lernte sie, ihre verwundbare Kindheit mit Bindung und ihren Ressourcen durch die gute und gesunde Beziehung zu ihrem Vater sowie enge Freunde in ihrer Jugend und durch das Tanzen zu verarbeiten. Obwohl Cara in ihrer Jugend keine Mutter hatte, fand sie Mutterfiguren in ihren Tanten und Großmüttern. Bei ihrem Vater fand sie ein liebevolles Zuhause und war vor allem keiner Gewalt mehr ausgesetzt. Für sie war ihre Kindheit die schwierigste Phase ihres Lebens.

Im Alter von 30 Jahren erhielt Cara die Diagnose der seltenen unheilbaren Muskelerkrankung HIBM, die sich auf alle Muskeln im Körper auswirkt. Sie hatte eine Reihe von unerwarteten Stürzen erlebt, was sie verwirrte, da sie immer sehr sportlich gewesen war. Ihrer Leidenschaft, dem Salsa-Tanzen, konnte sie nicht mehr nachgehen, als ihre Beine und ihr Rücken so schwach wurden, dass sie Beinschienen und Gehstöcke brauchte, um sich zu bewegen. Zu dieser schier unglaublichen Diagnose kam die Tatsache hinzu, dass Caras Prognose noch schockierender und schwer vorstellbar war: »Die Ärzte sagten mir, ich würde wahrscheinlich einen Rollstuhl brauchen, und wenn ich schwanger würde und entbinde, wahrscheinlich danach nicht mehr laufen könnte.«

Caras Lebensweg pausierte, als ihr viele Leute Ratschläge gaben, aber sie entschied selbst, ihre internationale Karriere fortzusetzen. Neben dem Tanzen war Caras größte Leidenschaft ihre Arbeit bei UNICEF, dem Kinderhilfswerk der Vereinten Nationen, an der sie auch während dieser unsicheren Phase festhielt. »Ich glaube, meine Karriere hat mir sehr geholfen!«, betonte sie. Nach ihrer Diagnose wollte sie ihre berufliche Laufbahn, ihre Leidenschaft, weiterverfolgen und setzte ihre Arbeit fort. Sie erzählte mir, dass sie schon als Kind für die Vereinten Nationen hatte arbeiten wollen, und ein Traum wurde für sie wahr:

»Kurz nach meiner Diagnose ging ich nach Angola im südlichen Afrika, um für UNICEF zu arbeiten. Ich würde sagen, dass es damals der beste Weg war, mit meiner Diagnose umzugehen, denn ich hatte keine persönliche Erfahrung mit Behinderungen. Mir wurde sehr bewusst, welche Stigmatisierung und Diskriminierung mit einer chronischen und fortschreitenden Krankheit einhergeht. Ich habe niemandem bei der Arbeit etwas erzählt, weil ich Angst hatte, meinen Job zu verlieren! Ich war nie wegen meiner Situation oder Prognose depressiv, und dafür gab es mehrere Gründe: erstens durch Handeln, zweitens durch Beharrlichkeit. Ich tat, was ich liebte, und indem ich das tat, zeigte ich mir selbst, was am Anfang möglich war, und bewies mir selbst, dass ich es schaffen konnte. Ich kann mit dieser Krankheit umgehen, und niemand wird mir meine Karriere wegnehmen, und das war etwas, worauf ich stolz war! Meine Karriere war eine enorme Quelle der Stärke.«

Es war ihr lebenslanger Traum gewesen, für das Kinderhilfswerk zu arbeiten, und sie konnte ihre Leidenschaft für ihren Beruf nutzen, um sich emotional zu stabilisieren. Trotz bereits erlebter körperlicher Rückschläge integrierte sie ihre Erfahrung mit Behinderung in ihr tägliches Arbeitsleben und lernte, dass für Menschen mit Behinderungen immer noch alles möglich ist. Das Festhalten an Zielen, das Überwinden von Hindernissen und die daraus gewonnene Energie gaben ihr die Kraft, die niedrigen Erwartungen der Gesellschaft an das, was Menschen mit chronischen Krankheiten und Behinderungen tun oder erreichen können, nicht zu akzeptieren.

Der Fortschritt kam hauptsächlich aus innerer Überzeugung und Liebe zu ihrer Arbeit. Sie hielt an ihren Zielen fest und gab trotz der Barrieren, denen sie gegenüberstand, nicht auf. Die Kraft aus Dingen zu schöpfen, die uns Freude bereiten, scheint eine erfolgreiche Ressource für sie gewesen zu sein. Dies ermöglichte es ihr, innere Stärke zu entwickeln und einen Dokumentarfilm über eine zwölftägige Reise durch den Grand Canyon zu produzieren, mit den ausführenden Produzentinnen Hillary und Chelsea Clinton. Cara und ihr Filmteam, Pferdeführer und Rafting-Team – alles Profis im adaptiven Sport im Grand Canyon – durchquerten die weltberühmte Felsformation vier Tage zu Pferd, dann acht Tage auf Wildwasser-Rafts, und trieben sich mental und körperlich an ihre Grenzen.

Cara zeigt, dass mit Zielen vieles integriert werden kann. Trotz Hindernissen kann man an Zielen festhalten. Heute führt sie ihre Arbeit fort und setzt sich energisch für die Rechte von Menschen mit Behinderungen ein: »Alles ist möglich, wenn man Ziele hat«, dies sagte sie zu mir.

Von einer anderen Situation, von der viele Männer betroffen sind, erzählte mir der junge Journalist und Kriegsfotograf Joshua McDonald.

Joshua McDonald – Gefühle von Geschlechterrollen lösen

> »Fotografie ist definitiv eines der Dinge, die mir helfen, mit meiner Männlichkeit, meiner verletzlichen Situation, umzugehen. Es ist ein großer Teil meines Lebens.«

Die Leidenschaft zur Arbeit half auch Joshua McDonald, einen Umgang mit seiner in der Kindheit vorhandenen vulnerablen Phase zu finden: der Stigmatisierung normativer Männerrollen in westlichen Kulturen. Männer dürfen nicht weinen, Männer müssen ja immer so stark sein, Männer müssen »männlich« sein und dürfen bloß keine Gefühle zeigen und viele weitere Kategorien, die in der Gesellschaft aufrechterhalten sind.

Bei meiner Beschäftigung mit Kriegs- und Dokumentarfotografie entdeckte ich zufällig über ein sehr ausführliches Interview mit dem Online-Magazin *Monovision* Joshuas Fotografien von Männern aus dem Irak.[106] Mich verwunderte dabei, dass er so jung, mit Anfang 19, in den Krieg zog. Ich wollte die Beweggründe seines frühen Antritts in den Krieg wissen und schrieb ihn per E-Mail an. Wir vereinbarten einen Telefontermin. Joshua war sehr offen, und wir unterhielten uns zu Beginn sehr lange über unsere gemeinsame Leidenschaft Kriegsfotografie. Seine Bilder faszinierten mich, und so wollte ich den Beweggründen seiner Fotografie auf den Grund gehen.

Joshua wurde bereits im frühen Kindesalter mit stereotypen Kategorien von Männlichkeit konfrontiert. Nicht weinen, nicht schwach sein und ein männliches Auftreten pflegen, sprich: keine langen Haare haben, um nur einige Beispiele zu nennen. Solche Anforderungen an seine Geschlechtsidentität stellten den Fotografen früh vor Herausforderungen und stürzten ihn in eine vulnerable Phase. Diese erstreckte sich bis zu seinem Antritt in den Krieg:

»Ich passte nie so recht in das Konzept ›Lass die Jungen Jungen sein‹ der Kindheit. Das war im Alter von neun bis sechzehn Jahren natürlich nicht so einfach zu handhaben. Ich wurde gehänselt, weil ich lange Haare hatte, weil ich bestimmte Sportarten nicht spielte, weil ich nicht auf eine bestimmte Art mit Mädchen sprach – einfach alles! Es gibt so viele Dinge, die man sich vorstellen kann, wenn man nicht in die »Junge-zu-Junge«-Arten des Handelns und Kommunizierens passt. Das war ziemlich beunruhigend und hat sich auch auf die Schule ausgeweitet.«

Joshua erlebte Mobbing in der Schule –Erfahrungen, die ihm sehr nahegingen. Er erzählte mir, dass er sehr lange dafür ausgegrenzt und beleidigt wurde, nicht in die gesellschaftlich angeordnete Kategorie von Jungs zu fallen. Aufgrund dessen hatte er sich mit Schüler*innen angefreundet, die ebenso hänselten, damit er nicht mehr Zielscheibe war. Diese eher dysfunktionale Strategie half ihm in dem Moment, nicht im Mittelpunkt des Mobbings zu sein: Er schnitt seine langen Haare ab, um dazuzugehören.

Die »Männlichkeit«, die ihm vermittelt wurde, brachte ihn nicht nur dazu, sich zu verstellen, um dazuzugehören: »Ich erinnere mich an dieses eine Mädchen, mit dem ich sieben bis acht Jahre lang zur Schule ging. Sie wohnte in meiner Straße, wir waren keine Freunde, aber wir standen uns nahe genug, und ich erinnere mich, dass eine meiner Freundinnen sie einfach ›hässlich‹ nannte und all diese wirklich schrecklichen Dinge sagte. Ich habe nur gelacht, du weißt, es war so gegen das, was ich sein sollte oder wer ich wirklich war, und ich habe nur darüber gelacht. Das war eine weitere Möglichkeit, mich anzupassen. Und dann, zwei Monate später, neckte ich sie allein und sah sie in der Schule weinen, einen Tag nachdem ich etwas zu ihr gesagt hatte, das mich wirklich berührte. Ich dachte, das sei der Punkt, an dem ich angekommen bin, um meine Männlichkeit zu zeigen. Ich fühlte mich schrecklich!«

Joshua passte sich dem Männlichkeitsideal an, welches nicht zu seinen Grundwerten passte. Auch hier wurde mir bewusst, dass wir nicht immer direkt funktionale und gute Bewältigungsstrategien anwenden müssen, um mit dem Leiderleben umzugehen. Manchmal führen auch nicht gute zu den guten Strategien. Er bemerkte für sich schnell, dass er hierüber keine gesunde Männlichkeitsrolle erlangen konnte. Durch seine gute und intensive Beziehung zu seiner Familie, seiner Mutter und seiner

Schwester – ein Ort, an dem er geliebt und akzeptiert wurde – konnte er derartige Erfahrungen kurzzeitig verarbeiten.

Nur war ihm diese toxische Männerkultur nicht genug und er wusste, dass es da draußen eine Welt geben musste, die nicht so vorurteilsbesetzt bezüglich der männlichen Rolle sei. Er hatte im Jugendalter sehr viele private Interessen, wie das journalistische Schreiben oder auch die Fotografie, welche er beruflich sehr früh verfolgte, um so Antworten auf seine leidvolle Phase zu finden. Die Fotografen, die er verehrte, waren auch die Fotografen, die mich seit meiner Jugend begeisterten. Joshua erzählte mir viel über James Nachtwey und von dem Wunsch, als junger Mann genauso mutig in die Welt zu gehen wie er. So entschied sich Joshua früh, sich an seinen Idolen zu orientieren und die Suche nach seinen vielen Fragen der Männlichkeit zu finden.

Mit 19 Jahren ging er als Kriegsjournalist nach Palästina. Er erzählte mir, dass er aufgeregt war, aber glücklicher, als gefangen in den Kategorien weitermachen zu müssen. Seine Ressourcen halfen ihm, Mut zu finden und Antworten auf seine Leiderfahrung mit dem Männlichkeitsgebot der westlichen Gesellschaft zu haben:

»Ich war in grausame Konflikte verwickelt. Ich glaube, dass es sehr stark mit meiner Suche nach einer Identität als Mann zusammenhing. Es gibt viele Orte, an denen es den Menschen wirklich schlecht geht, an denen sie Angehörige verloren haben, und so weiter. Es ist nichts Schlimmes, sich auszuweinen im Krieg, denn es zeigt sich dort eine ganz andere Stärke.«

Die kulturellen Differenzen und die neue Lernerfahrung, als Mann Gefühle nach außen zeigen zu dürfen und es sogar zu müssen, half ihm, sich mit der Männlichkeit neu zu verbinden. Joshua litt von klein auf an dem Gefühl, sein Geschlecht nach dem Gesellschaftskorsett schnüren zu müssen: Wer kennt es nicht? Jungs tragen Blau, Mädchen tragen Rosa. Heute sind wir trotz Geschlechtervielfalt immer noch in alter kategorialer Denkweise gefangen. Das Schubladendenken endete im Krieg:

»Vor allem im Irak gab es viele tödliche Konflikte, über die ich berichtet habe. Viele der Fotos, die ich im Irak gemacht habe, zeigen die Soldaten von einer sehr viel emotionaleren Seite. Etwas, was ich hier wahrscheinlich nicht sehe, auch heute nicht! Es war eine wirklich große Umstellung, an einem Ort wie dem Irak zu sein. Wenn man die wirklich starken Menschen sieht. Wie diese Jungs, die Soldaten, wie die aufwachsen. Vor allem die Jungen! Man weiß ja, dass Soldaten die härtesten Menschen der Welt sind, und dann sitzt man mit ein paar von ihnen in einem Raum und sieht, wie traurig sie sind. Einer von ihnen ist gestresst und weint, der andere hat einen Freund verloren und ist darüber traurig. Das war eine ganz andere Herangehensweise an das Thema Männlichkeit, denke ich.«

Joshua hat im Krieg für sich seine Rolle des Mannes integrieren können, gemeinsam mit Soldaten gesprochen, geweint, Leid geteilt und es auch visualisiert. Er konnte über seinen Mut, an seinem Traumberuf festzuhalten, lernen, dass Männer genauso viel Gefühle zeigen dürfen wie Frauen. Gefühle verbinden, und es ist »normal« und gesund, Gefühle losgelöst von normativen Geschlechterrollen zuzulassen. Aus der westlichen Gesellschaft zu entkommen sowie seine Leidenschaft der Fotografie mit dem Leid zu verbinden, half ihm, diese Aspekte seiner Biografie zu integrieren: »In meiner gesamten Kindheit war das etwas, das nie gesehen wurde. Immer noch hört man einfache Dinge wie ›Jungs weinen nicht‹. Die Leute sagen das ihren Söhnen!«

Dass er Ziele hatte, die er ermöglichte und realistisch betrachtet erreichte, half ihm, seine stigmatisierte Kindheit zu bearbeiten. Heute kann er Teil der westlichen Kultur sein, für sich die westliche Männlichkeitsrolle annehmen und sein Ding durchziehen. Joshua trägt weiterhin längere Haare, hat viele weibliche Freundinnen und kein Problem damit, sich von einer sentimentalen Seite zu zeigen. Derartige Erfahrungen würde er in der westlich-stigmatisierten Kultur nicht machen, teilte er mir mit. Seine Arbeit half ihm auch auf seiner Identitätssuche und in der Frage nach seiner Männlichkeit. Zu erleben, dass Männer in anderen Kulturen und Ländern ihre Gefühle zulassen, half ihm, sich selbst akzeptieren zu lernen. Sich auf das eigene Leiderleben über seine Arbeit, seine Leidenschaft der Fotografie und des Schreibens einzulassen und aus dem Leiden anderer zu lernen, war eine wichtige Strategie für Joshua. Er konnte seinen Vorstellungen von Männlichkeit über das Leiden von Männern im Krieg näherkommen und für sich eine Akzeptanz im Umgang mit seiner eigenen Rolle als Mann integrieren.

Felix Brunner – Optimismus und Leidenschaft

> »Das Leben an sich ist – wie heißt es bei Forrest Gump –, eine Pralinenschachtel. Man weiß nie, was man bekommt. Und das trifft es tatsächlich gut. Das, was man hat, sollte man schätzen! Man sollte es auch ein Stück sichern, sodass man darauf wieder aufbauen kann.«

An seinen Zielen hielt auch der gelernte Bergretter Felix Brunner fest. 2009 stürzte er beim Eisklettern in eine 30-Meter-Schlucht, doch ihm gelang etwas Unglaubliches: Er überlebte. Mit etwas Glück und einer ganzen Menge Krisenmanagement, monatelangen Intensivstation-Aufenthalten, 70 Operationen und viel Willenskraft überlebte er die schwerwiegenden Verletzungen. Dennoch sitzt Felix seit seinem Unfall im Rollstuhl und kann seiner

Bergsteiger-Leidenschaft nicht mehr wie gewohnt nachgehen. Das hielt ihn jedoch keineswegs davon ab, seinen Traum zu verfolgen. So kam es, dass er bereits drei Jahre nach seinem schweren Unfall als erster Rollstuhlfahrer die Alpen überquerte und bewies, dass das Unmögliche möglich werden kann, wenn man sich seiner Leidenschaft verschreibt.

Ich bin auf Felix 2020 durch einen Magazinartikel aufmerksam geworden: »Mit dem Handbike über die Alpen«.[107] Noch vor unserem persönlichen Kennenlernen beeindruckten mich seine Willensstärke und Disziplin. Begeistert kontaktierte ich ihn, und wir trafen uns einen Tag nach dem Treffen mit Herrn Dogs in München. Felix und ich haben uns direkt gut verstanden, er sprach davon, dass er aktuell ein Haus selbst baue. Ich war begeistert von ihm und seiner Lebensfreude.

Wir stiegen schnell in das Gespräch ein, und er teilte mit mir bereits zu Beginn des Interviews eine vulnerable Phase aus seiner Kindheit: Ärzte entdeckten bei ihm einen gutartigen Knochentumor. Deshalb litt er bereits als Kind unter starken Schmerzen und musste sich einer Operation unterziehen, damit der Knochenkrebs sich nicht ausbreitete. Felix hatte viel Angst vor dem Eingriff, wobei ihm das Visualisieren sehr half, um seine Angst zu bändigen:

»Wir hatten da eine Freundin meiner Mutter, die hat mir da ein wahnsinnig cooles Bild in meinen Kopf gesetzt. Sie hat gesagt: ›Felix, du tust da jetzt nichts anderes als meditieren oder machst die Augen zu und stellst dir was vor; wie da lauter kleine Menschen runtergehen in deinen Oberschenkel. Die haben alle eine Hacke dabei und einen Pickel und eine Schubkarre, die sind wie so kleine Bergarbeiter, und die picken da diesen Tumor weg und fahren den weg, fahren den raus.‹«

Die Assoziation mit dem Bergsteigen half Felix dabei, seine Angst visualisiert zu behandeln. Felix wurde im späteren Leben mit 19 Jahren der jüngste ausgebildete Bergretter. Diese Assoziation wurde später Wahrheit: Vor seinem Unfall hatte er sich vorgenommen, als professioneller Bergretter auf dem Rettungshubschrauber im Alpenraum zu arbeiten. Daran anknüpfend, wie das Schicksal sich an einem Tag ändern kann, zitierte er während des Interviews das bekannte Zitat aus dem Film *Forrest Gump*: »Das Leben ist wie eine Schachtel Pralinen. Du weißt nie, was du bekommst.«

So stimmte ich ihm zu, da er bis zu seinem Absturz nicht wusste, dass sein Leben sich komplett verändern würde. Mitten in seiner Karriere wurde sein Lebenslauf von heute auf morgen unterbrochen, als eine für ihn bislang routinierte Klettertour in dem lebensverändernden Unfall endete: »Im Januar 2009, auf dem Rückweg von der Eisklettertour, bin ich in das Bachbett 30 Meter hinuntergefallen. Als ich dort unten lag, verspürte ich keinen Schmerz, hatte so einen Adrenalinausstoß gehabt, ich realisierte sehr schnell, was da Sache war: Ich bin abgestürzt, es wird warm in meinem Bauchraum, das heißt, innere Blutungen müssen vorhanden sein. Ich habe dann auch bemerkt, wie die zwei Kollegen, die mit mir waren, zu mir kamen. Der eine, der war komplett handlungsunfähig, und der andere war völlig aufgewühlt und hektisch, und ich musste ihn tatsächlich sogar beruhigen, denn er schrie mich an, ich solle wach bleiben, ich solle da bleiben, ich solle die Augen offen lassen, ich solle nicht aufgeben. Ich sagte ihm: »Beruhige dich, mir geht es gut, ich habe keine Schmerzen«, aber ich wusste haargenau, wie schlimm es um mich stand. Deshalb habe ich ihn angeleitet, was er alles zu tun habe: Er solle die Rettung rufen und er solle sagen, dass ich Bergretter sei, dass ich viel Blut verloren habe, dass ich in ein Unfallkrankenhaus müsse, dass wir einen Hubschrauber brauchen mit einer Seilwinde. Also das alles, was die auch schon wissen, aber für mich ist es einfach interessant, denn mir war klar, ich möchte überleben! Ich habe alles wie im Kino wahrgenommen, ich musste alles tun, damit ich eine Überlebenschance habe!«

Ich saß neben diesem glücklichen und gelassenen jungen Mann, der mir zuvor erzählt hatte, dass er gerade ein Haus baute, mir von seiner Leidenschaft für Gin erzählte und dann auch von seiner Ehefrau, und ich fragte mich, wie man so viel Leid so positiv bewältigen kann. Er lächelte mich die ganze Zeit an, und ich war sehr ergriffen davon, wie man derartige physische und psychische Leiden behandeln kann. Für ihn war klar, dass seine Ziele ihn durch die schweren Zeiten seines Lebens trugen. Ziele haben und Ziele umsetzen, trotz Hürden. Mich interessierte brennend, ob er sich noch an seinen emotionalen Zustand nach dem Koma erinnerte und welche Gedanken ihn beschäftigten:

»Ich kann mich tatsächlich an meine ersten Gedanken nach dem Koma erinnern, und die waren wirklich: Wie kann ich meine Lehre fertig machen und wann kann ich wieder Bergsteigen? Ich war auch immer optimistisch in dieser Phase, naiv optimistisch, hatte utopische Pläne, die gaben mir aber Halt. Ich dachte an Klettertouren mit anderen Leuten, das ist, denke ich, dann auch wieder eine interessante Bewältigungsstrategie in diesen krassen Phasen. Ich sagte: ›Du, Kumpel, komm mit einem Blatt Papier und einem Stift auf die Intensivstation, wir müssen durchrechnen, wie viel Meter Seil wir brauchen für den Monte Brento im Sarcatal oberhalb vom Gardasee.‹ Genau daran habe ich am Anfang irgendwie festgehalten. Ich hatte wirklich Pläne!«

In der Gesundheitsforschung führte man Vergleichsstudien mit Menschen durch, die eine pessimistische und/oder optimistische Einstellung haben. Danach sei beispielsweise der Genesungsverlauf bei Menschen mit optimistischen Einstellungen nach einer Bypass-Operation stärker auf die Gesundheitsförderung gerichtet als bei Pessimist*innen, die sich primär mit den (quälenderen) Gefühlen und den Einschränkungen nach dem Eingriff beschäftigten.[108]

Perspektive scheint ein bedeutsamer Aspekt bei Optimist*innen zu sein, da sie eher auf die Lösung in der widrigen Situation achten als auf das Problem. Neben der engen Korrelation zwischen optimistischer Haltung und Gesundheit, beschrieb der Psychologe und Psychotherapeut Martin Seligman auch den sogenannten gelernten Optimismus.[109] Auf Grundlage seiner Theorie der gelernten Hilflosigkeit, entwarf er diesen optimistischen Attributionsstil. Negative Erfahrungen können bei einem Menschen zu einer Ohnmacht, einer Hilflosigkeit, in Bezug auf die Veränderung der eigenen Lebenssituation führen. Bei einem optimistischen Attributionsstil kommt es dagegen nicht zur erlernten Hilflosigkeit, da die Betroffenen selbst erkennen, dass bei einem unkontrollierten, negativen Ereignis keine Kontingenz zwischen dem Ereignis und ihrem Verhalten besteht. Dieser schreibt somit positive Ereignisse auf persönliche Eigenschaften dauerhafter zu als bei negativen Ereignissen. Menschen mit einem optimistischen Attributionsstil sind daher in der Lage, differenziert negative Ereignisse als vorübergehend und differenziert zu beschreiben.

Die Verarbeitung von Leid hängt somit eng mit der Zuschreibung von Ursachen zusammen, so auch wie bei meinen Interviewpartner*innen. Ich verorte die Eigenschaft Optimismus nicht als angeboren, sondern als eine Wahl, die sich erst im Zuge von Erfahrungen mit Leid entwickelt. Ich kann mir aussuchen, wie ich über Dinge denke und wie ich mich dazu positioniere. Positiv sein impliziert für mich, die negativen Seiten zu kennen.

Felix war optimistisch, sein Leben veränderte sich an einem Tag, und doch hielt er an seinen Hobbys, seinem Traumberuf und seinen Wünschen fest: »Ich habe damals gesagt: ›Dann machen wir eine Alpenüberquerung‹, das war 2013. Danach habe ich für mich erst so bildlich begriffen: Hey, verdammt noch mal, Felix, du kannst ja echt genau das alles machen, was du damals dir eigentlich gewünscht hast, an das du geglaubt hast, nur etwas anders, mit einem Handbike, und nicht mehr über steile Felswände oder mit einem Skigerät im Winter. Ich kann eigentlich genau das alles machen, was ich damals gewollt habe!«

Seine Leidenschaften, seinen damaligen Beruf integrierte er weiterhin für sich, überquerte die Alpen im Handbike und bleibt optimistisch. Das, was er hat, nutzt er in vollen Zügen aus mit einer Leichtigkeit, die man sich abgucken sollte: »Habe ich davor ein gutes Leben gehabt? Da werde ich auch weiterhin ein gutes Leben haben, egal was für eine Krise da kommt. Jetzt sind die kleinen Dinge wichtig, der Partner, die Partnerin, die Familie, die Freunde. Das, was man hat, sollte man schätzen!«

An Zielen festzuhalten ist ein bedeutsamer Baustein, um mit den eigenen Leiderfahrungen umzugehen. Nicht aufzugeben und trotz Hindernisse weiterzumachen, an sich zu glauben und durchzuziehen! Die Interviewpartner*innen konnten das eigene Leid mit den Zielen verbinden und es so integrieren. Es war für sie wichtig, die eigenen Ziele und Perspektiven im Leben zu entwickeln, um immer wieder mit dem Leid abtauchen zu können.

Das Heilsame an Zielsetzung ist, dass es Menschen an eine Zeit nach dem Leid glauben lässt. Eine leidvolle Erfahrung kann eine Zäsur in der eigenen Biografie darstellen, etwas, das die Richtung ändert. Aber Zielsetzung sorgt dafür, dass man an dem Gedanken festhält, dass der Weg sozusagen trotzdem weitergeht. Vielleicht hat sich die Richtung verändert, aber der Weg geht weiter. Felix' Leidenschaft half ihm, seine für andere unrealistischen Ideen umzusetzen und auch als erster Mann im Rollstuhl die Alpen zu überqueren.

Leidverarbeitung und Leitintegration können so stark variieren, dass wir zum Teil verwundert sind über die resilienten Menschen, die uns im Alltag begegnen. Wir glauben, dass sie eine Sache geschafft haben, die uns unmöglich erscheint. Dabei können wir gar nicht wissen, welche Dimensionen/Ausmaße ihr Leid hatte und welche Schritte sie gehen mussten, um an diesen Punkt zu kommen.

Wir sehen nur die Fassade der Menschen und kennen ihre Geschichten nicht. Hättest du je gedacht, dass ein renommierter Psychiater wie Christian Dogs eine solche Lebensgeschichte hinter sich hat? Resilienz ist ein dynamischer Anpassungsprozess, welcher je nach Lebenssituation variiert. Das lineare Denken, dass Menschen mit Sucht oder psychischen Erkrankungen nicht über die Fähigkeiten verfügen, etwas Neues aus ihrem Leben zu machen, ist eine viel zu unterkomplexe Anschauung so komplexer Themen.

An den Lebensgeschichten meiner Interviewpartner*innen erkennt man vor allem die Variation, die Höhen und Tiefen der Resilienzentwicklung. Leid führt dich zu dir selbst (zurück), wenn du es möchtest.

Dein Leid lässt sich mit deinen Zielen verschmelzen – nutze dein Leid!

5

PATHEI MATHOS – DURCH LEIDEN LERNEN

»Mama sagte immer, Schuhe können dir über einen Menschen ganz schön viel erzählen. Wohin sie gehen, wo sie gewesen sind. Ich habe schon sehr viele Schuhe angehabt! Wenn ich mich richtig anstrenge, kann ich mich bestimmt an mein erstes Paar Schuhe erinnern.«[110]

Schuhe tragen uns ein Leben lang. Erinnern wir uns an die Anfangsszene vom Film *Forrest Gump*: Jenny und Forrest mit seinen Beinprothesen sind auf dem Weg nach Hause, als er plötzlich von den anderen Kindern aus seiner Schule mit Steinen beworfen wird. Er läuft vor den Kindern weg, um nicht verletzt zu werden. »Lauf, Forrest, lauf«, schreit Jenny.

Er lernt früh, seinem Leid davonzulaufen, wobei beim (Weg-) Laufen die Beinprothesen abfallen, die er zum Laufen gar nicht mehr benötigte. Gegen Ende des Filmes läuft Forrest als erwachsener Mann, als Vater, nicht mehr (weg). Seine Schuhe – ein Symbol für seine Leiderfahrungen – sind längst kaputt vom vielen Laufen. Er läuft nicht mehr davon, denn er hat Verantwortung und Ziele in seinem Leben, muss sich um seinen Sohn kümmern und Jennys Grab pflegen. Die Schuhe werden nicht mehr so schnell dreckig. Irgendwann entwickelt auch er eine andere Bewältigungsstrategie, und zwar die der Konfrontation, Akzeptanz und an seinen Zielen festzuhalten. Forrest hat durch sein Leid gelernt, und er findet auch Freude (die Liebe und Verantwortung zum Sohn) im Schmerz (dem Verlust seiner geliebten Jenny).

Ich habe dieses Kapitel bewusst nach dem alten griechischen Spruch aus Aischylos' Tragödie *Agamemnon* (458 v. Chr.) benannt. »Pathei Mathos« bedeutet »durch Leiden lernen«, da wir durch quälende oder leidvolle Erfahrungen Erkenntnis erlangen können und dadurch eine Weisheit in uns entsteht. Leiderfahrungen belehren uns nicht im Moment des Leidens, sondern im Nachhinein, wenn wir aus unserer eigenen Leidkultur einen Gewinn für uns ziehen. Dieser liegt meistens darin, dass wir, wenn wir es überstanden haben, das Leben mehr schätzen als vorher. Wann diese Erkenntnis eintrifft, ist abhängig vom Menschen, so oder so ist es alles andere als selten, dass wir dem Leiden irgendwann eine Erkenntnis zuschreiben. Das ist etwas, was wir uns häufig gar nicht so sehr bewusst machen.

Vor diesem Hintergrund wundert es mich wenig, dass mir beispielsweise oft gesagt wird, dass es »zu provokant« sei, Menschen auf das Thema Leid aufmerksam zu machen. Ich denke, dass diese Einschätzung daran liegt, dass wir uns schlicht noch nicht an das Leid herantrauen können. Wir vergegenwärtigen uns einfach nicht ausreichend, dass Leid nicht nur Angst in uns hervorrufen muss, sondern auch einen positiven Effekt haben kann. Da ist es wohl viel einfacher zu kompensieren als zu leiden. Wir alle wissen im Grunde, wie das Leben uns manchmal leidvoll überschwemmt. Wichtig ist dazu eben auch zu wissen, dass wir nachhaltig daran wachsen, wieder aus dem »Leidloch« zu kommen.

Dafür brauchen wir Raum, unsere Emotionen zuzulassen. Denn die vielen Tipps aus dem Umfeld schrecken einen als leidenden Menschen nicht nur ab, sondern erschweren den Leidprozess, da man das Gefühl bekommt, nicht so akzeptiert zu sein, wie es einem aktuell geht. Trifft es uns nicht selbst, können wir mit dieser Erkenntnis auch unsere Lieben unterstützen. Wir sollten weniger Tipps verteilen, wenn wir nicht gefragt wurden, sondern einfach das Leid *mit* dem Betroffenen aushalten lernen. Denn genau da ist das weitere Problem: Wir neigen dazu, das Leid nicht aushalten zu wollen. Und das ganz egal, ob es uns selbst betrifft oder nicht. Daher greifen wir unmittelbar in die Tippkiste, um das Gefühl schnell zu retuschieren. Hier können dir die Interviews eine Hilfestellung bieten. Erlaube dir selbst, dich an ihnen zu orientieren, wenn du möchtest. Dich nicht allein zu fühlen und das Leid so anzunehmen, wie es gerade ist. Ob bei dir selbst, oder in deinem Umfeld. Allein wie selbstbewusst und selbstsicher Teresa Enke ihren Schmerz selbstständig behandelt hat, zeigt uns, dass die komplette Validierung und emotionale Bestätigung, die es braucht, um eine derart schwere Situation zu bewältigen, in einem selbst steckt. Leiden ist eine universelle Erfahrung.

Dies konnten die Buddhisten als Vorreiter im Umgang mit Leid und Erkenntnis schon zuschreiben: In seinem Buch *The Four Noble Truths* geht der buddhistische Lehrer Lama Zopa Rinpoche unter anderem auf die »Wahrheiten von Leid« ein.[111] Hierbei hebt er die Bedeutsamkeit Buddhas hervor, Leid als erste Praxis für seine Schüler zu lehren. Leid wird als Ressource betrachtet, die uns alle betrifft, sich frei machen zu können, frei von Leid. Kurz: Der Ursprung von Leid ist die menschliche Unwissenheit über Leid, und nur über das eigene Wissen, ein Bewusstsein mit viel Reflexion kann man den Leidprozess integrieren beziehungsweise akzeptieren lernen. Leid sollte man daher früh als Bestandteil des Lebens betrachten, ohne das pessimistisch zu sehen, sondern um dadurch bewusster zu leben. Denn egal, wie sehr wir uns dagegen wehren, »Leid kommt in Wellen«, so auch Joan Didions Appell in ihrem Meisterwerk *Das Jahr magischen Denkens.*[112] Du kannst die emotionalen Wellen deines Lebens nicht kontrollieren, jedoch kannst du dich dahingehend üben, deine Gefühle und Gedanken mit dem Leid anzunehmen. Es ist ein menschliches Bedürfnis, sich und das Umfeld kontrollieren zu wollen, doch realistisch betrachtet können wir es nicht kontrollieren, sondern müssen uns ihm anpassen.

Das, worauf du deine Macht legen kannst, liegt an dir. Du bist stärker als du denkst. Wir lernen von klein auf, dass Kontrolle uns Sicherheit gibt, es kann uns aber auch auf Dauer psychisch belasten, durchgehend alles kontrollieren zu wollen, da wir nichts außerhalb unseres Selbst großartig kontrollieren können. Achte nur darauf, dass du weißt, wie man am besten abtauchen kann, wenn eine größere Welle kommt – wann du die Luft anhalten sollst und wann du wieder auftauchen kannst. Wie beim Surfen. Ich spreche hier aus eigener Erfahrung, da ich selbst sehr spät gelernt habe, meine vermeintlich »negativen Gefühle« im Hamsterrad der Leistungsgesellschaft zu fühlen und mich bewusst mit diesen auseinanderzusetzen, da ich wenig Zeit hatte beziehungsweise mir wenig Zeit genommen habe. In meinem Surfurlaub, Brasilien 2023, habe ich einen Monat lang täglich die Wellen im Meer beobachtet, bin auf ihnen geritten und habe die unterschiedlichen Facetten des Meeres aus einer eher von mir abhängigen Perspektive, nämlich meinem Blick vom Surfbrett aus, beobachtet.

Vieles veränderte sich danach bei mir: Nach meinem Urlaub wandte sich das Leben gefühlt gegen mich, viele private Veränderungen standen an. Ich hatte viel Leid in mir, da das Leben mit Schicksalsschlägen gleich mehrfach an meine Tür klopfte. Du kennst das bestimmt auch, wenn alles auf einmal kommt. Diese Wucht von Leiderfahrungen. Alles kommt in Wellen und dann in riesigen, harten und unaufhaltsamen Wellen. Jedoch habe ich über die Wellen das für mich richtige Atmen gelernt, um nicht im Wasser unterzutauchen und keine Luft zu bekommen. Ich bin immer wieder ins Wasser gegangen und glaub mir, einen Meter hohe Wellen sind gigantisch, wenn du in ihnen steckst. Ein paar Monate nach diesen Ereignissen schloss ich meine psychotherapeutische Praxis, weil ich neben diesen Erfahrungen, der Tätigkeit an der Universität und dem Schreiben an diesem Buch an meine Grenzen gekommen war. Ich wusste zum ersten Mal, dass ich gelernt hatte zu leiden. Mir war es zum ersten Mal gleichgültig, was meine Kolleg*innen, meine Familie oder sogar Freund*innen über meinen Entschluss denken würden. Damals war es für mich ein Scheitern, heute sind es Erfolgserlebnisse Nein zu sagen und auf mich und meine Gefühle zu achten. Meine Zeit zu leiden war gekommen. Ich habe Bewusstsein geschaffen und alles emotional durchlebt, und es war alles andere als schön.

Die schockierten Gesichtsausdrücke meiner Kolleg*innen über die Schließung meiner Praxis haben mich nicht einen Tag verfolgt. Ich habe gelernt, dass nicht alle Leiderfahrungen mich unmittelbar bewusst machen. Es ist nicht die eine Leiderfahrung, die direkt zu Bewusstsein führt, sondern das Gefühl in uns, das uns im Leid um Veränderung bittet. So habe ich mein Leid zugelassen und für mich entschieden, nicht immer funktionieren zu müssen. Ich wollte fühlen, bewusster leben und über das Leid Wissen erlangen. Es war wie eine eigene Rebellion gegen das Außen gerichtet, endlich mal auf mich und meine Gefühle zu hören. Hierbei half mir auch die Philosophie der Stoa, obwohl es schwer war, und ich arbeite immer noch daran, mehr Bewusstsein zu erlangen, im Hier und Jetzt zu atmen, die eigenen, vergangenen Gedanken sich nicht wiederholen zu lassen. Das ist alles andere als einfach, die Gedanken kommen ebenso in Wellen. Ich arbeite dennoch mit verschiedenen Praktiken – bei mir sind es Kampfsport und Meditation –, die ich punktuell einsetzen kann, um nicht von meinen Gedanken dominiert zu werden, und ich habe gemerkt – es ist möglich, in den Wellen seine eigene Ruhe im Durchleben von Leidsituationen zu finden. Die Stoiker nannten die Seelenruhe *Ataraxie*, ein Begriff, der die Gelassenheit im Umgang mit Schicksalsschlägen beschreibt.

Schicksalsschläge kann man nur bedingt beeinflussen und kontrollieren. So meine ich nicht, dass wir nichts für unser Glück tun und auf das Schicksal warten sollen, sondern beziehe es eher auf die Schicksalsschläge, die uns im Leben immer wieder begegnen: (plötzliche) Verlusterfahrungen, Krankheit, Arbeitswechsel, Krisen und Probleme in Beziehungen, Trennungen, schmerzvolle und negative Erfahrungen mit Freund*innen oder Partner*innen und weitere Schicksalsschläge, die nicht Freude, sondern Leid produzieren. Diese Denkweise können wir der nächsten Generation nahebringen: Deine Gefühle dürfen da sein. Du darfst traurig sein! Wir müssen endlich aufhören, unsere Gefühle zu sedieren und uns irgendwelche Accessoires, wie beispielsweise übermäßigen nach außen zur Schau stellbare Angewohnheiten zu suchen, um diese dann zu kaschieren. Nur die Integration dieser Empfindung macht uns den Umgang, ein freies und gesundes Weitermachen nach dem Leid möglich. Ich erkenne es heute bei mir, dass mir viel Bewusstsein geholfen hat, mein Leid im ersten Schritt zuzulassen und hierüber ins Fühlen zu kommen. Es fällt mir bis heute schwer, aber ich gehe den Weg, denn das war der schwerste Prozess für mich: Bewusstsein braucht viel Aufmerksamkeit im Hier und Jetzt zu erkennen, was du fühlst und wer du eigentlich bist, das heißt, deine komplette Aufmerksamkeit ist genau bei dir, ohne Gedanken zu gestern oder später: Bleib bei dir!

Das Problem heute bleibt bestehen: Wir sind so überladen mit Informationen, dass wir nicht mal eine Minute in Ruhe atmen können. Genau das Bewusstsein hierfür hat mich zum Aufhorchen gebracht. Überall orientieren wir uns an Tipps und Tricks, die Gefühle selbst irgendwie schnell behandeln zu können. Leid ist eine Betrachtungsweise: Es gibt kein Schwarz oder Weiß, sondern viele Farben, die wir kaum in Worte fassen können. Die Verschiedenheit im Leidprozess zeichnet zum Beispiel auch Beerdigungen aus: In Europa wird am Grab geweint, zum Beispiel in Afrika, Ghana werden Beerdigungen gefeiert, gleich einem großen Familienfest. Es wird getanzt und gesungen.

Der Tod wird in jeder Kultur anders betrachtet. Trauer kann verschieden erfolgen und gleicht doch demselben Ergebnis einer Beerdigung. Ein Mensch kann sterben, und der Tod wird dabei unterschiedlich betrachtet. Reframing, einer Sache einen neuen Rahmen geben, die Sichtweise ändern. Ich empfinde die subjektive Sichtweise, unabhängig von den verschiedenen Traditionen und Kulturen, als sehr bedeutsam für die Integration von Leid. Wir können Leid selbstständig verarbeiten, und niemand, nicht einmal unsere engsten Bezugspersonen, kann uns das Gefühl des Leidens abnehmen und uns in dem Gefühl tragen. Wir wissen, dass sie für uns da sind, aber auch das hilft in dem Leidensmoment nicht unbedingt.

Was aber vielleicht den Leidprozess unterstützen kann, ist unsere eigene Wahrnehmung. Ich sage es immer wieder, du bist stärker, als du glaubst. Deine Dämonen wollen dich mit den negativen Glaubenssätzen über deine eigene Person zum Tanzen ausführen, jedoch nach ihren Tanzschritten. Versuch die Tanzschritte zu antizipieren, indem du dir klar machst, dass die Dämonen in dir eigentlich Ausdruck deiner Selbst sind. Ein Beispiel: Der Künstler und Kunsttheoritker Josef Albers hat mit seinem Werk *Interaction of Color* gezielt die systemisch-konstruktivistische Sichtweise auf die Wahrnehmung von Farben abgebildet, um nicht nur die unterschiedliche Wahrnehmung in der Aufnahme von Farben zu beschreiben, sondern vordergründig auf die Vielseitigkeit unserer Denkweise einzugehen: »Wenn jemand »rot« sagt [...] und 50 Leute zuhören, kann man erwarten, dass es in ihren Köpfen 50 verschiedene Rottöne gibt.«[113]

Leid hat für mich auch viele Töne. Über die Verschiedenartigkeit von Leid als eigenständigen Begriff sollte vielmehr in seiner Dimension und Macht über uns und unser Leben nachgedacht werden. Dagegen sprechen wir alle konstant und ungefiltert über »Healing«! Heilung beginnt im Leiderleben und ist deine kontinuierliche Beziehung zu dir im Hier und Jetzt. Unsere Wahrnehmung soll sich daher bitte dahingehend verändern, dass wir von der Gesellschaft negativ besetzte Mythen wie Leid als Bestandteil unseres Lebens betrachten.

Hierüber Freiheit entwickeln, um bewusster zu atmen. Wenn wir für uns integrieren, dass jeder sein eigenes Leid erlebt und dass diese Erfahrungen oft unsichtbar sind, können wir sensibler und unterstützender im Umgang mit anderen sein.

Du weißt nicht, was dein Gegenüber gerade erlebt oder erlebt hat. Du kennst die Vorgeschichte nicht. Ich wünsche mir umso mehr, dass wir uns trauen, endlich ehrlicher, geradezu *nackter* zu sein, unsere Kerben nicht immer zu verstecken aus Angst, man könne die gegen uns verwenden. Sie sind ein Teil von dir, und genau da fängt Heilung an, wenn du es erkennst. Du sollst ein neues Bewusstsein für dein Gegenüber entwickeln. Baue dir ein Bewusstsein für die Vielfalt des Leids anderer, um auch Vorurteile und Urteile bei deinem Gegenüber abzubauen. Indem wir erkennen, dass das Leid anderer genauso real und gültig ist wie unser eigenes, können wir einen Raum für Verständnis und Solidarität schaffen. Leid lässt dich nicht nur wachsen, sondern es verbindet dich mit unser aller Menschlichkeit. Wir alle tragen unsere eigenen Dämonen jeden Tag mit uns herum. Das sollte doch Grund genug sein, uns zur Abwechslung mal zugewandt und gesonnen über diese Gemeinsamkeit zu begegnen.

WAS DAS ALLES KONKRET FÜR UNS HEISST

In diesem Buch habe ich skizzenhaft versucht, verschiedene Perspektiven auf das bedeutsame und allgegenwärtige Thema Leid darzustellen. Ich habe versucht zu verdeutlichen, dass nicht nur gesellschaftliche Machtinstitutionen wie beispielsweise die Schule allein über unsere Denkweise bestimmen, sondern dass wir als Gesellschaft diese unreflektiert mittragen. Das Kollektivdenken muss sich verändern: Ein Beispiel von Carl Gustav Jung hierfür ist die Art und Weise, wie individuelle Probleme in einem größeren sozialen Kontext wahrgenommen werden. Wenn eine Person in einer wohlhabenden Gesellschaft pleitegeht, kann dies zu einem starken Gefühl der Einsamkeit und Scham führen. Die Person mag sich isoliert fühlen, als ob sie allein mit ihren Problemen kämpfen müsste. Doch wenn mehrere Personen in der Gesellschaft mit finanziellen Schwierigkeiten zu kämpfen haben, entsteht ein gemeinsames Gefühl des Leidens.[114] Dadurch fühlen sich Einzelne weniger isoliert und eher mit anderen verbunden, die ähnliche Herausforderungen durchleben: Geteiltes

Leid ist also halbes Leid. Das Konzept des geteilten Leidens ist eine Grundlage für Empathie und Mitgefühl. Wenn wir erkennen, dass andere Menschen ähnliche Schwierigkeiten durchmachen, können wir sensibler auf ihre Geschichten und Herausforderungen reagieren. Wir können lernen, uns in ihre Lage zu versetzen und Unterstützung anzubieten, wenn sie sie benötigen. Dies trägt uns zu einer gesünderen und unterstützenderen Gesellschaft, in der Menschen einander stärken, respektieren und wohlwollender behandeln können.

Ich möchte darauf aufmerksam machen, dass Leidempfinden subjektiv ist und nicht in Kategorien gepackt werden darf, da es die Person in ihrem Leid abwertet. Sicher hilft es, mit anderen über das eigene Leid zu sprechen, loszulassen und das Glück zu haben, Bezugspersonen integrieren zu können. Dennoch musst du wissen, dass keiner dein Gefühl eins zu eins nachfühlt. Auch wenn in deinem Umfeld ähnliche Situationen durchlebt wurden, ist dein Gefühl nicht das der anderen. Hören wir also bitte auf, immer wieder, nur weil wir das Leid bei anderen nicht aushalten können, es zu retuschieren und Zusprüche zu verteilen. Versuch daher dir immer vorzuhalten, dass dein Leid deins ist und es da sein darf. Das bedeutet nicht, dass andere Menschen dir nicht dabei helfen können, Zeiten des Leidens zu überstehen. Aber zur erfolgreichen Leidverarbeitung gehört auch zu erkennen, dass die Bewältigungsstrategien anderer allenfalls eine Orientierung und niemals ein Gebot sein können. Das ist auch nicht schlimm, denn du trägst alles, was du brauchst, um dein Leid zu verarbeiten, bereits in dir. Zweifle nicht an dir, wenn die Tipps deines Umfeldes dir nicht helfen, wie es ihnen half. Wir sind alle unterschiedlich, und die Kunst der Leidverarbeitung liegt im Akzeptieren, dass du und die anderen unterschiedliche Gefühle und Gedanken haben. Oft vergessen wir, dass wir unterschiedlich sind, wenn wir im eigenen Leid hilflos gefangen sind. Dein Leid vergeht nicht nach einer gewissen Zeit, wenn du diese nicht nutzt, um es a) zu realisieren, b) zu akzeptieren, c) dich zu konfrontieren und d) es in deinen Alltag zu integrieren. Zeit ist subjektiv, wenn es um die Verarbeitung von Gefühlen und Gedanken geht.

Die Sprüche, welche die Zeit mit einem universellen Heilmittel gegen Leiderfahrungen gleichsetzen, sind nur Mutmacher, die dir Hoffnung geben sollen. Habe Hoffnung und Vertrauen in die Zeit, und nutze sie während dieser Phase, damit es bergauf geht. Du nutzt die Zeit, nicht umgekehrt. Realistisch betrachtet gibt es keine Zeitangabe für Leiderfahrungen. Es werden Leiderfahrungen auf dich zukommen, die du vielleicht ein Leben lang integrieren musst. Auch das ist okay und gesund. Mach dir keinen Druck und schau nicht in den Kalender, wenn du leidest. Nur weil (viel) Zeit vergangen ist, bedeutet es nicht, dass deine Gefühle sich daran messen sollen. Du bestimmst das Tempo. Nimm dir deine eigene Zeit und sei nicht so streng mit dir. Du kannst auch ewig mit deinem Leid weiterleben.

Leid ist nicht Freude, aber es gehört zu deinem Leben dazu.

Das Leben kann vor allem über unsere Leiderfahrungen intensiver und besser erlebt werden. Wir lernen über das Leiden. Wie du mit Leid umgehen kannst, zeigt sich erst, wenn du leidest. Ob du resilient bist, zeigt sich ebenso erst, wenn du den Leidensprozess durchlebt hast, ohne psychisch oder physische Nachteile daraus gezogen zu haben. Wenn du dich dagegen im Leidensprozess zurückziehst, viel weinst und/oder dich nur ablenkst, so gehört dies für dich zur Verarbeitung des Leidens. Es gibt kein »Richtig« oder »Falsch« im Umgang mit Leid.

Ich wünsche mir, dass du nicht immer direkt denkst, du seist »depressiv«, nur weil es irgendwer auf Instagram mitteilt, der seit einer kurzen Zeit wegen Herzschmerz weint. Es ist völlig gesund, bei Herzschmerz oder anderen Themen zu leiden – das zeigt nur, dass du am Leben teilnimmst. Die sozialen Netzwerke, auch wenn wir uns täglich drin bewegen, sind nicht so echt, wie sie sich vielleicht manchmal anfühlen. Sie sind ein Abbild der Realität, und wir als User zeigen nur eine Facette von uns, um unsere Community oder Follower*innen aufrechtzuerhalten. Glaube nicht alles, was du siehst. Du bist nicht allein in dieser Welt. Es gibt so viele, die sich genauso verloren in dieser Gesellschaft fühlen, da wir immer diesen Happy-Modus anschalten müssen. Das ist kräftezehrend, I feel you.

Eine Lösung hierfür: Distanziere dich von dem Social-Media-Wissen und frage Expert*innen, wenn du unsicher bist, ob dein Leid dir grade zum Wachstum hilft oder dich eher daran hindert. Immer im Außen zu sein, macht deinen Zustand nur schlimmer. Informiere dich an den richtigen Stellen und denk dran, dass es nicht *die* Anleitung für deine Leidverarbeitung gibt. Es ist dein Gefühl.

Über die Interviews wurde Leid retrospektiv als bedeutsam und fundamental beschrieben. Ich habe bei den Interviews, die ich für dieses Buch geführt habe, eine besondere Form des Wachstums empfunden, da diese Menschen lächelnd und lebenslustig vor mir saßen. Vor allem im Umgang mit der Leidenssituation konnte erschlossen werden, dass diese integrierbar ist. Alle Interviewpartner*innen führen jetzt trotz ihrer leidvollen Erfahrungen ein bewusstes und gutes Leben. Ich sage mir immer, dass man im Leben mehrere Leben hat und bei jedem Lebensabschnitt, nur wenn wir wollen, immer weiter und neu wachsen können. Es gibt für mich nie das einzige Leben.

Ich konnte auch lernen, dass es okay ist, dass Leid ewig ein stiller Begleiter bleiben darf, ohne dass man psychisch erkrankt. In meiner Rolle als Dozentin an der Universität, spreche ich mit meinen Studierenden in meinen Seminaren über die menschliche Psyche sehr offen, und viele spiegeln mir, dass sie sich in unserer Gesellschaft entfremdet fühlen, weil das Leid keinen Raum hat und unmittelbar pathologisiert wird. Dieses Herumpathologisieren baut Hierarchien auf, die a) nicht helfen b) eine Machtkonstellation in Beziehungen einführen und c) zu einer zwischenmenschlichen Distanz führen. Denn Tatsache ist, und ich betone das immer wieder, dass dein Leid immer zu verschiedenen Zeiten, plötzlich und möglicherweise unaufhaltsam in dein Leben tritt. Du kannst es nicht kontrollieren. So beschrieb Rainer Maria Rilke in seinem *Stundenbuch* von 1905, dass du alles auf dich zukommen lassen sollst, ob es die Schönheit oder der Schrecken ist, denn »kein Gefühl ist das fernste«.[115] Alle Gefühle vergehen und kommen in Wellen immer wieder neu auf dich zu. Jede Welle ist unterschiedlich laut, leise, hart, leicht, langsam, schnell, hoch oder tief.

Daneben hatte ich den tiefen Wunsch, den Begriff der Pseudoresilienz anzugehen und mich auch wissenschaftlich kritisch dazu zu positionieren, da Resilienz die Kapitalismusmaschinerie antreibt. Solange Resilienz-Coaching-Programme angeboten werden, wird der Kapitalismus mit dem Leistungsdruck angetrieben und wachsen. Wir müssen Leid durchleben, um Resilienz aufzubauen.

Strebe weniger nach Glück und Resilienz, sondern mehr nach deinem Bewusstsein. Hierüber kannst du ein tieferes Verständnis für dich, deine Gefühle und Gedanken entwickeln und ebenso bewusster in Handlung treten. Lerne am Modell, orientiere dich an Menschen, die ebenso gelitten haben und dir Zuversicht geben, daran zu glauben, dass alles Unmögliche möglich ist.

Schau Dokumentationen und Filme oder hör Podcasts von Menschen, die dich lehren, am Leben mit deinem Leid teilzunehmen. Du kannst es für dich produktiv mit deinen Fähigkeiten verbinden und es explosiv nutzen, so wie die Künstler*innen, die mich lebenslang zum Weitermachen inspiriert haben.

Lerne von Menschen, die dich inspirieren. Ich habe über meine Interviewpartner*innen sehr viel dazugelernt: Vor allem hat sich meine Denkweise dahingehend gefestigt, dass Leid immer verhandelbar ist. An sich und seinen Zielen festzuhalten sind Grundbausteine, um die eigenen Leidverarbeitungen zu integrieren. Bleib dabei realistisch, dass jedes Leid, jede Kerbe dich endlos irgendwo begleiten wird. Du hast irgendwann einen Sack voller Leiderfahrungen bei dir, die dich geerdet haben. Nur mit Geduld erlangst du Bewusstsein. Sei nicht so streng mit dir und schau nicht auf die Uhr.

Ich habe resiliente Menschen interviewt, die mir gezeigt haben, dass alles im Leben möglich gemacht werden kann. Sie zeigen, dass Leid beim Wachstum helfen kann. Es gibt Menschen, die eigene Bewältigungsstrategien haben, um dem Leben trotz Leid einen Sinn zu geben. Auch die Wissenschaft zeigt es uns, so konnten die Psychologen Richard G. Tedeschi und Lawrence G. Calhoun mit ihren klinischen Studien, die mit Menschen mit posttraumatischer Belastungsstörungen durchgeführt wurden, den Vorurteilen, dass kein Wachstum über Trauma erfolgen kann, entgegenwirken. In ihren Umfragen wurden folgende Faktoren bei den Proband*innen herausgearbeitet, die eine Weiterentwicklung trotz traumatischer Erlebnisse bei ihnen ermöglichten. Man spricht vom posttraumatischen Wachstum: Es wurde zum einen herausgearbeitet, dass als erster Baustein die *Wertschätzung des eigenen Lebens* hilfreich war, das Trauma anders zu betrachten. Über die Liebe zum Leben konnte die Erfahrung neu bewertet werden.

Ein weiterer Baustein, der ebenso in der Resilienzforschung großgeschrieben wird, ist die *Beziehung zu anderen Menschen.*[116] Durchaus würde ich behaupten, dass wir gerne zurück in eine Beziehung gehen, egal, wie gern wir beizeiten allein sind und auch gern mal unsere Einsamkeit spüren. Wie diese Beziehungen ausgerichtet sind, ob Partner*in, Freund*in, Familie, Nachbar*innen und so weiter, ist individuell.

Heutzutage gibt es den Trend des »Alleinseins«, was ich gefährlich finde, obwohl ich es persönlich – unabhängig vom Trend – gelegentlich (sehr) präferiere, allein zu sein. It's all about balance! Menschen tun heutzutage so, als wären sie gern allein: »Me-time«, »No social media time« und filmen sich dabei und laden das als Video auf Youtube hoch – vielleicht verkauft sich das gut für die Follower? Honestly, wenn ich alleine sein möchte, filme ich mich nicht dabei und lade es auch nirgends hoch. Also auch hier wieder so ein Druck von außen. Allein sein ist eine schöne Sache und bedeutsam, um sich selbst zu erkunden oder sich gehen zu lassen, aber wir Menschen können nicht ganz allein sein. Es verbindet dich mit deinen Gefühlen, Gedanken und deinem Leben. Retrospektiv geschieht sehr viel, wenn man lange Zeit allein ist. Es ist ein stetiger Prozess des sich selbst Kennenlernens. Aber Beziehungen machen uns auch glücklich, auch wenn es die Beziehung im Kopf mit einer geliebten Person ist. Eine Beziehung in unserer Vorstellung, das heißt der Gedanke an die Worte der Bezugspersonen, kann uns auch in schwierigen Phasen unterstützen. Beziehungen müssen nicht im Raum bei uns sein, aber wir müssen sie in unseren Gedanken tragen. Wir brauchen Nähe.

Der dritte Baustein ist die *eigene Stärke*. Das Gefühl, eine Krise durchstanden zu haben, verdeutlicht, wie resilient man sein kann. Rückblickend ist es zum Teil erstaunlich, und man erinnert sich nicht genau, wie man es geschafft hat, da es ein innerliches Gefühl war, es zu schaffen.

Über Leiderfahrungen entwickeln wir häufig eine neue Sichtweise, die uns ebenso *neue Möglichkeiten* (Baustein vier) nahebringt. Hierbei verändern sich der Freundeskreis und die eigenen Routinen, und man betrachtet das alte Leben aus einem neuen Blickwinkel.

Der letzte Baustein wurde als *religiöse Veränderung* beschrieben, welche die positiven Veränderungen nach der traumatischen Erfahrung in Bezug auf Religion, Spiritualität oder esoterische Fragen hervorrufen[117]. Es gibt evidenzbasiert Wachstum, wenn man über gewisse Ressourcen verfügt, um das Trauma zu behandeln.

Ich appelliere an Veränderung: Der blinde Fleck in Bezug auf eine fehlende Leidkultur sollte nun wachsen. Vielleicht können wir nun mehr Sensibilität und Offenheit für eine Kultur des Mitgefühls entwickeln. Wir können erwachen und darüber nachdenken, bestimmte Herausforderungen neu zu betrachten. Meine Überzeugung ist stets, dass Aufklärung und Offenheit Menschen zum Nachdenken anregen können. Achte auf das Leid und die Leiderfahrungen bei dir und deinen Mitmenschen.

Die Welt können wir nicht verändern, denn sie ist, wie sie ist. Doch wir können uns verändern. Verwandle Leid in Kraft und mach für dich das scheinbar Unmögliche möglich. In der Gesellschaft insgesamt und insbesondere in den Medien sollten wir, anstatt Tipps und Ratschläge zu geben, lieber darüber aufklären, dass Gefühle existieren dürfen und wir individuelle Bewältigungsstrategien für das Leid anderer nicht stigmatisieren oder verurteilen dürfen. Das bedeutet, dass, wenn jemand nach dem Verlust einer geliebten Person nicht so trauert, wie es das kollektive Denken erwartet, wir nicht über die Person urteilen sollten, sondern sie akzeptieren. Es ist nicht unser Leben und nicht unser Gefühl, und wir sollten nicht über die Gefühle anderer urteilen. Wir sind alle Teil einer immer stärker kapitalistischen, hochfunktionalen und emotional distanzierten Gesellschaft. Dem können wir entgegenwirken, indem wir das, was wir lesen oder hören, auch in unserem Leben umsetzen; denn genau dort beginnt die Enttabuisierung. Wir sollten nicht nur darüber reden, sondern auch aktiv danach streben, mehr Respekt und Wertschätzung füreinander in unser Leben zu integrieren.

Es ist kein typisches Happy End für ein Buch, aber typisch bringt uns nicht zum Nachdenken, oder? Wir sollten unser Leben umdenken, es neu lenken, denn das Leben ist kurz. Denk an die Unsterblichkeit der Stoiker: Zu wissen, dass das Leben irgendwann ein Ende findet, kann auch als Motivator deiner Zeit dienen, so wie bei mir: »Ihr lebt, als würdet ihr immer leben; niemals werdet ihr eurer Gebrechlichkeit euch bewußt; ihr habt nicht acht darauf, wieviel Zeit bereits vorüber ist; ihr verschwendet sie, als wäre sie unerschöpflich, während inzwischen gerade der Tag, der irgendeinem Menschen oder einer Sache zuliebe hingegeben wird, vielleicht der letzte ist.«[118]

Es ist alles Betrachtungsweise, wie du auf deine Realität schaust: Ob du lieber nicht an den Tod denken möchtest oder diesen als Bestandteil deines Lebens integrierst, ist dir überlassen. Ich möchte dich anregen, dass du dich realistisch auf das Leben und die Lebensumstände vorbereitest, da es keiner sonst für dich übernehmen kann. Wenn du vorbereitet bist, dass das Leben kurz, schwer und gleichzeitig schön sein kann, dann lebst du für dich bewusster. Hierfür benötigst du nur deine eigene Anleitung, denn dein Leben liegt in deiner Hand. Du wirst aus diesem Leben nicht lebend rauskommen, also kämpfe nicht gegen das Leben an, sondern lebe es. Du hast das Glück, es jeden Tag neu leben zu können. Aus meiner Sichtweise hast du immer wieder ein neues Leben zu beginnen, egal durch welche Zeiten du gerade gehst. Und nein, jetzt sage ich nicht »es kommen bessere Zeiten«, denn dieser Spruch hilft absolut niemandem. Stattdessen sage ich: »Bleib bei dir.« Bei dir zu bleiben, bedeutet nicht, im Außen zu reflektieren, wer, was, wie, wo verarbeitet und wie toll diese Person es gerade hat, sondern bei dir selbst zu bleiben. Ich weiß, dass es in unserer Welt schwer ist, aber denk an die Stoa oder die Interviews. Bei dir zu bleiben ist Stärke. Das Leben ist trotz oder gerade wegen des Leids schön und einmalig. Dein bewusstes Leben beginnt dann, wenn du dich und deine Dämonen am besten kennst, weißt wann sie zu dir sprechen, weißt, wann sie getriggert werden und mit ihnen tanzen kannst. Du kannst führen, denn du bist stark. Such nach dem Sinn für dich, um über die Sinnhaftigkeit deiner Leiderfahrung neu zu beginnen. Mit Sinn tanzt es sich ebenso besser. Im Leben hat alles einen Sinn, auch die schrecklichsten Erfahrungen führen dich ans Licht, glaub nur daran. Sei dein eigener Künstler und such dir deine eigenen Farben für deinen Lebensweg raus. Fühl dich auch ruhig wie ein Alien in der Masse, auch das ist okay, denn so fühle ich mich häufig. Wenn du es für dich akzeptierst, macht es sogar Spaß, denn dein Vorteil ist dann, dass du deine Dämonen kennst.

Ich betone es immer wieder und bin immer noch nicht müde, es zu betonen: Wir sind ohne Leid nicht in der Lage, resilient zu werden. Ohne Leid leben wir nicht. Uns wird nämlich dann die kleinste Welle im Leben umhauen, wenn wir uns nicht auf die großen Wellen im Meer vorbereiten: Jede Welle macht dich resilienter.

(SCHLUSS-)WORTE AN DICH

Ich hoffe, du konntest für dich lernen, dass du leiden darfst, wie du möchtest. Dass du dich nicht schämen musst, wenn du zu lange an etwas emotional festhältst, obwohl dir dein Umfeld mitteilt, loszulassen. Loslassen ist dein eigener Prozess, den du für dich gestalten darfst. Du musst nicht mit der Masse mitschwimmen, die dir vorschreibt, was »richtiges« oder »falsches« Leiden ist.

Du kennst dich am besten. Und wenn du es noch nicht tust, dann hast du genug Zeit, dich kennenzulernen. Die Zeit heilt nicht alle Wunden, aber du kannst sie heilen.

Freiheit bedeutet, seine Leidenssituationen zu kennen, zu akzeptieren und zu integrieren. Es wird immer Momente in deinem Leben geben, in denen du rückblickend immer noch leidest, wenn du an diese Zeit denkst. Die Leiderfahrungen werden dann Erinnerungen geworden sein, und die dürfen da sein. Das ist gesund. Leben ist ein Kontinuum aus Freude und Leid.

Ich hoffe, du erkennst, dass Leben aus vielen Wunden besteht und die Kunst des Lebens in deiner eigenen Wertschätzung liegt. Kein Sport der Welt kann dir deinen Schmerz dauerhaft nehmen. Kein Instagram-Post lässt dich weniger fühlen. Bleib bei dir.

Leiden ist ein Prozess. Finde für dich den Sinn im Leid und genieße die Momente, in denen du nicht leidest.

Hab keine Angst vor Leid, denn es kommt bei uns allen in Wellen. Jede Welle ist unterschiedlich groß und hoch, manchmal kleiner und sanfter, manchmal wütender, aggressiver und höher. Die emotionalen Wellen erschlagen dich manchmal. Dennoch impliziert Leid dein Wachstum zum bewussteren Leben.

Ohne Leid keine Resilienz.

DANKE

Vielen Dank an meine eigenen Leiderfahrungen, die mir gezeigt haben, dass ich an meinen Zielen festhalten soll. Über diese habe ich gelernt, dass ich nicht aufgeben soll, meine Gedanken in Worte zu fassen. Heute kann ich besser mit meinen Dämonen tanzen. Vielen Dank an Mutter Natur, denn ohne die großen Wellen Brasiliens im Februar 2023 hätte ich nicht so gut über die Unkontrollierbarkeit emotionaler Wellen schreiben können.

Ein großer Dank gilt meinen Interviewpartner*innen, Teresa Enke, Dr. Christian Peter Dogs, Max Schautzer, Parastou Forouhar, Miya Ando, Cara Yar Khan und Joshua McDonald. Ohne euch und eure Inspiration hätte ich die Freiheit beim Schreiben nicht gefunden. Dank euch habe ich weiterhin an meiner Idee, dass Resilienz ein Kontinuum mit Leid bildet, festgehalten. Danke für euer Vertrauen, mich in euren tiefen Schmerz hereinzulassen. Ihr habt mir gezeigt, dass man im Leben alles schaffen kann was man möchte, wenn man nur an sich und seine Fähigkeiten glaubt.

Danke Mama, dass du mich seit 2020 bei meinem Vorhaben, dieses Buch zu schreiben, unterstützt und gar auf den Reisen zu den Interviewpartnern begleitet hast. Papa, ohne dich und deine Weisheiten der Stoa wäre ich nicht so schnell zur Leiderkenntnis gekommen. Größter Dank gilt meiner Schwester Neda, denn ohne dich hätte ich 2023 nicht an meine emotionalen Grenzen gehen und so gesunde Entscheidungen für mich treffen können. Lieben Dank Mojdeh Noorzad, dass du seit meiner Kindheit an mich geglaubt hast, mich in meinen Zielen und Wünschen wie eine Mutter getragen hast.

Besonderer Dank an meine Freundin, die geniale Philosophin Dr. Anna Pavani, die mir während des Schreibens Aischylos und viel Pizza in meine Welt brachte. Ein großer Dank geht an Christina Lütticke, die von Anfang an die Buchidee unterstützt und an sie geglaubt hat. Danke an meine Freundin Dania van Olfen, die mit viel positiver Energie, Humor und glorreichen und faszinierenden Gedanken meinen Schreibprozess unterstützt hat. Ohne dich hätte ich weniger an mich und meine Gedanken geglaubt. Ein großer Dank an meine inspirierende Freundin Dr. Zoya Brögelmann, die mich immer wieder in meinen schwierigeren Schreibphasen aufgefangen und wie eine Schwester unterstützt hat. Danke an meine wunderbare Freundin Gilda Sahebi, die mich seit unserer ersten Begegnung mit Licht und Sonnenstrahlen erfüllt hat.

Viel Liebe an alle weiteren Wegbegleiter*innen, die an mich geglaubt haben, deren Namensauflistung hier leider keinen Platz mehr findet. Danke an meine Agentin Imke Rösing, die mich nicht nur fachlich, sondern auch emotional unterstützt hat. Danke an Max Bachmann, der mich neben seiner Tätigkeit als Lektor mit viel guter Laune und Optimismus in meinem Schreibprozess unterstützt hat.

Und zuletzt: Merci Paris, mon amour, mein emotionales Zuhause, denn ohne deine Schönheit wäre die Betrachtung meines Leides nicht so facettenreich geworden.

LITERATUR UND ANMERKUNGEN

Alle Onlinequellen zuletzt aufgerufen am 02.05.2024

1 Simone Weil (2017): *Cahiers Aufzeichnungen 1*. München: Hanser Verlag, S. 342.
2 Zemeckis, Robert (1994): *Forrest Gump* [Film]. United States: Paramount Pictures.
3 Siehe Brigitte (2023): Wieso es dich unglücklich macht, immer glücklich sein zu wollen in: www.brigitte.de/liebe/persoenlichkeit/psychologie--wie-das-gluecks-paradoxon-menschen-davon-abhaelt--zufrieden-zu-sein-13539864.html
4 Vgl. Jung, Carl Gustav (2023): *Die heilende Kraft in uns*. Ostfildern: Patmos Verlag, S. 61.
5 Byung-Chun Han (2023): *Die Krise der Narration*, Berlin: Matthes & Seitz Verlag, S. 12.
6 Ebd.
7 Netflix (2023): Philipp Mickenbecker Real Life, online www.netflix.com/watch/81709975?trackId=14277281&tctx=-97%2C-97%2C%2C%2C%2C%2C%2C%2C%2CVideo%3A81709975%5
8 vgl. ebd.
9 Lexikon der Psychologie, Spektrum.de (2000): Leid www.spektrum.de/lexikon/psychologie/leid/8690.
10 Vgl. Schmitt, Annette/Mees, Ulrich (2000): *Emotionspsychologie. Ein Handbuch*, in: Otto, Jurgen H./Euler, Harald. A./Mandl, Heinz. Weinheim: Beltz Verlag, S. 209f.
11 Es ist jedoch wichtig zu betonen, dass die Trauer je nach Intensität und Dauer auch zu Depressionen oder weiteren Störungen wie beispielsweise Angststörungen führen kann.
12 Im ICD-10 wird unter F43 Belastungs- und Anpassungsstörungen Trauma diagnostiziert. Hierbei ist es wichtig, zwischen *akuter Belastungsreaktion*, die innerhalb von Minuten nach dem Ereignis auftritt und sich innerhalb von ein paar Tagen rückbildet, *Posttraumatischen Belastungsstörungen*, die innerhalb von

6 Monaten nach dem einschneidenden Ereignis beginnen und in Typ-I- und Typ-II-Trauma eingeteilt werden und *Anpassungsstörung*, bei der die Symptome nicht länger als ca. 6 Monate andauern, zu unterscheiden. Vgl. Kandale, Oliver; Rugenstein, Kai (2017): Das Repetitorium - Lehr- und Lernbuch für die schriftlichen Abschlussprüfungen zum Psychologischen Psychotherapeuten und zum Kinder- und Jugendlichenpsychotherapeuten. Berlin: Deutscher Psychologen Verlag GmbH, S. 190ff.

13 Vgl. Bessel van der Kolk (2023): *Das Trauma in dir: Wie der Körper den Schrecken festhält und wie wir heilen können*, Berlin: Ullstein, S. 9 ff.

14 Jung, Carl Gustav (2023): *Die heilende Kraft in uns.* Ostfildern: Patmos Verlag, S. 59

15 Jung, Carl Gustav (2023), a.a.O. S. 77

16 Ebd. S. 77

17 Ebd. S. 78

18 Schopenhauer, Arthur (2009): *Die Welt als Wille und Vorstellung.* Köln: Anaconda, S. 955.

19 Es ist in der Forschung tatsächlich ein blinder Fleck, den Sinn von Leid herauszuarbeiten. Es gibt daher kaum Studien zur Bedeutsamkeit von Leid, da es in der Wissenschaft nicht ein Bestandteil des Lebens betrachtet wird. Um die Bedeutsamkeit von Leiderfahrungen und den Übergang zur Resilienzentwicklung besser darzustellen, habe ich acht Interviews mit Menschen geführt, die verschiedenen Leiderfahrungen ausgesetzt waren: dem Psychiater und Psychotherapeuten Christian Peter Dogs, der Begründerin der Robert-Enke-Stiftung und Witwe des Fußballnationalspielers Robert Enke Teresa Enke, der Künstlerin und Professorin für Kunst Parastou Forouhar, der Künstlerin Miya Ando, dem Moderator und Schauspieler Max Schautzer, der Menschenrechtsaktivistin der United Nations und TED-Talk Sprecherin Cara Yar Khan und dem Kriegsfotografen und Journalisten Joshua Mcdonald.

20 Vgl. Wustmann, Corinna (2005): *Die Blickrichtung der neueren Resilienzforschung. Wie Kinder Lebensbelastungen bewältigen.* Zeitschrift für Pädagogik 51 (2005) 2, S. 192-206.

21 Wallace, David Foster (2018): *Der Planet Trillaphon im Verhältnis zur Üblen Sache*. Köln: Kiepenhauer & Witsch, S. 24.

22 Ebd. S. 28

23 Wallace, David Foster (2009): *Das hier ist Wasser. This is water.* Köln: Kiepenhauer & Witsch., S. 9.

24 Vgl. Foucault, Michel (2019): *Überwachen und Strafen – Die Geburt des Gefängnisses.* Frankfurt am Main: Suhrkamp, S. 258 ff.

25 Vgl. ebd.

26 Siehe Guillermina, Caro (2023): »Glücklich werden. Wie man Dank eines Tricks sein Gehirn hackt, um glücklicher zu sein, laut Wissenschaft« in: *GQ Magazin*. GQ. www.gq-magazin.de/lifestyle/artikel/glucklich-werden-trick-gehirn-hacken-glucklich-sein-wissenschaft.

27 Siehe Zimmermann, Leonie: »Grundsätze des Glücks. Wie werde ich glücklich(er)? Laut Wissenschaft mit diesen 14 Gewohnheiten.« *Stern*. www.stern.de/gesundheit/psychologie/gluecklich-er--werden--laut-wissenschaft-helfen-diese-14-gewohnheiten-33235200.html.

28 Crane, David/Kauffman, Marta (1997): *Friends* [TV-Serie]. The One Where Chandler Crosses the Line (S4, F7). United States. Warner Bros. Television. »We swallow our feelings, even if we're unhappy forever. Sounds good?« Übersetzung durch die Autorin.

29 Sontag, Susan (2016): *Krankheit als Metapher. Aids und seine Metaphern*. Frankfurt am Main: Fischer, S. 94.

30 Heimsoeth, Antje (2023): »So aktivieren Sie den Resilienz-Booster im Job.« *Spiegel Online*. www.focus.de/experts/stressbewaeltigung-am-arbeitsplatz-so-aktivieren-sie-den-resilienz-booster_id_197539373.html.

31 Han, Byung-Chul (2020): *Die Palliativgesellschaft*. Berlin: Matthes & Seitz, S. 8

32 Vgl. Fröhlich-Gildhoff, Klaus/Rönnau-Böse, Maike (2021): *Menschen stärken. Resilienzförderung in verschiedenen Lebensbereichen*. Wiesbaden: Springer Fachmedien, S. 1

33 Laura McGann (2023): The deepest breath, www.netflix.com/watch/81630917?trackId=255824129&tctx=0%2C0%2C5040bbce-9518-45f3-ba86-6624679d7917-51008176%2C5040bbce-9518-45f3-ba86-6624679d7917-51008176%7C2%2Cunknown%2C%2C%2CtitlesResults%2C%2CVideo%3A81630917%2CdetailsPagePlayButton, 1.45,07–1.45,22 min.

34 Pahl, Silvia (2022): SWR, www.swr.de/swrkultur/wissen/psychische-erkrankungen-immer-noch-ein-stigma-102.html

35 Vgl. Goffman, Erving (2020): *Stigma – über Techniken der Bewältigung beschädigter Identität*. Frankfurt am Main: Suhrkamp, S. 10.

36 Vgl. ebd., S. 23 f.

37 Vgl. ebd. S. 24

38 Ebd., S. 25 »Aus der Nervenheilanstalt Entlassene fürchten sich zum Beispiel manchmal davor, sich mit Ehegatten oder Arbeitgebern in scharfe Auseinandersetzungen zu verwickeln, wegen ihres latenten Stigmas, für das es als Indiz gewertet werden könnte, wenn sie Emotionen zeigen.«

39 Vgl. Kriz, Jürgen (2014): *Grundkonzepte der Psychotherapie*. München: Beltz, S. 201.

40 Wilson, Louise (1994): Cyberwar, God And Television: Interview with Paul Virilio. https://journals.uvic.ca/index.php/ctheory/article/view/14355/513.

41 Vgl. Bauman, Zigmund/Lyon, David (2013): *Daten, Drohnen, Disziplin*. Berlin: Suhrkamp, S. 11.

42 Vgl. Kafka, Franz (2005): *Die Verwandlung*. München: Anaconda.

43 Vgl. ebd.

44 Wenn du auch psychisch oder physisch Folgen davongetragen hast, bedeutet es nicht, dass du nicht resilient bist, sondern nur in dieser vulnerablen Phase bislang keine geeigneten Bewältigungsstrategien entwickeln konntest.

45 Vgl. Masten, Ann S. (2016): *Resilienz, Modelle, Fakten & Neurobiologie*. Paderborn: Junfermann, S. 26.

46 vgl. Fröhlich-Gildhoff/Rönnau-Böse 2021, S. 2

47 Vgl. Fröhlich-Gildhoff, Klaus/Rönnau-Böse, Maike (2021): S. 2 f.

48 Vgl. Seifert, Anne (2011): *Resilienzförderung an der Schule. Eine Studie zu Service-Learning mit Schülern aus Risikolagen*. Wiesbaden: Springer Fachmedien, S. 92.

49 Vgl. Masten, Ann S. (2016): *Resilienz, Modelle, Fakten & Neurobiologie*. Paderborn: Junfermann Verlag, S. 47 f.

50 Im Kurzfilm des Psychoanalytikers James Robertson *A Two-Year-Old Goes to Hospital* von 1952 werden die fundamentalen Komponenten von Beziehungen deutlich: Ein zweijähriges Mädchen sitzt allein in einem Krankenhausbett ohne ihre Eltern. Sie umarmt ihr Stofftier und zeigt keine Emotionen. Das Mädchen ist zu jung, um zu verstehen, weshalb ihre Mutter nicht bei ihr ist. Es verbindet die Abwesenheit ihrer Mutter mit Desinteresse-Verlust. Nachdem die Krankenschwester eine Beziehung zu ihr aufbaut, beginnt sie sukzessiv in Beziehung zu gehen, setzt jedoch eigene emotionale Grenzen. Später sieht das Mädchen einen anderen Jungen im Krankenhaus weinen. Sie fragt nach den Beweggründen, beginnt ebenfalls zu weinen und sagt wiederholt: »I want my mommy«. Vor allem Kinder empfinden Angst und Trauer in Abwesenheit ihrer geliebten Menschen. Der Kurzfilm betont die Bedeutsamkeit von Beziehungen als Grundbedürfnis für Kinder, nicht nur zur emotionalen Unterstützung, sondern auch zur Bewältigung von Stress und emotionalen Herausforderungen.

51 Vgl. Fröhlich-Gildhoff, Klaus/Rönnau-Böse, Maike (2001), a.a.O. S. 3.

52 Vgl. Masten (2016): S. 30 sowie S. 153

53 Vgl. ebd. S. 34

54 Fröhlich-Gildhoff/Rönnau-Böse 2021, S. 4ff.

55 Vgl. ebd., S. 4

56 Vgl. ebd., S. 5

57 Vgl. ebd., S. 6.

58 Vgl. Fröhlich-Gildhoff, Klaus/Rönnau-Böse, Maike (2021), a.a.O., S. 6 ff.

59 Vgl. ebd., S. 6 f.

60 Vgl. Dostojewski, Fjodor (2015): *Verbrechen und Strafe. Raskolnikows Schuld und Sühne*. Berlin: Hofenberg Verlag.

61 Vgl. Goddemeier, Christof (2019): Aaron Antonovsky: »Vater der Salutogenese.« *Ärzteblatt*. www.aerzteblatt.de/archiv/209251/Aaron-Antonovsky-Vater-der-Salutogenese. Eine stabile psychische Gesundheit wiesen 29 % der Frauen auf, die das Konzentrationslager überlebt hatten.

62 Bengel, Jürgen/Strittmatter, Regine/Willman, Hildegard (2001): Was erhält Menschen gesund? Antonovskys Modell der Salutogenese – Diskussionsstand und Stellenwert, in: BzGa (2001), https://shop.bzga.de/band-06-was-erhaelt-menschen-gesund-antonovskys-modell-der-salutogen-60606000/ S. 28 ff.

63 Antonovsky (1989): S. 53 zit. nach ebd., S. 32

64 Vgl. Kleuter, Andre (2018): *Täter oder Opfer, das ist nicht die Frage. Systemische Beratung bei Mobbing am Arbeitsplatz*. Göttingen: Vandenhoeck & Ruprecht, S. 126.

65 Vgl. ebd.

66 Camus, Albert (2018): *Der Mythos des Sisyphos*. Hamburg: Rowohlt Taschenbuch Verlag, S. 145.

67 Vgl. McCully Marilyn (1996): To Fall »Like a Fly into the Trap of Picasso's Stare«: Portraiture in the Early Work, in: Rubin, William (1996): *Picasso and Portraiture*. London: Thames and Hudson, S. 240.

68 The Red Hand Files (2023): How to heal from this, online: www.theredhandfiles.com/how-to-heal-from-this/.

69 Banduras bekanntestes Experiment, das »Bobo Doll Experiment«, zeigt nämlich, dass Kinder eins zu eins Verhaltensweisen bei Erwachsenen abschauen und ebenso ausführen. Hierzu beobachteten die Kinder Erwachsene, wie sie eine Puppe namens

Bobo verprügelten und beschimpften. Die Kinder adaptierten das Verhalten und schlugen ebenso die Puppe. Das zeigt: Über die Verhaltensweisen, Gefühle und Gedanken anderer können wir einen Umgang mit den eigenen Gefühlen und Gedanken adaptieren und somit lernen.

70 Nach Bandura durchleben wir Aneignungsphasen: Beispielsweise beobachte ich jemanden beim Fahrradfahren und merke mir die Verhaltensweisen, wie man Fahrrad fährt. Im zweiten Schritt, der Ausführungsphase, kaufe ich mir ein Fahrrad und versuche, darauf zu fahren – nur habe ich große Probleme, das Gleichgewicht zu halten. Dasselbe Prinzip lässt sich auf die Integration von Verhaltensweisen bei Menschen anwenden, die ich bewundere.

71 Vieria, Suzi (2022): »Louise Bourgeoise in den Augen von Jenny Holzer« in *Magazin Poly*, online: www.poly.fr/de/louise-bourgeois-in-den-augen-von-jenny-holzer/

72 Kriz, Jürgen (2014): Grundkonzepte der Psychotherapie. Weinheim, Basel: Beltz Verlag, S. 68.

73 Jung, Carl Gustav (2023): a.a.O. S. 66.

74 Vgl. ebd., S. 77 f.

75 Vgl. Sonntag, Rainer F. (2013): Akzeptanz- und Commitmenttherapie (ACT). In: Heidenreich, Thomas; Michalak, Johannes (Hg.): *Die »dritte Welle« der Verhaltenstherapie-Grundlagen und Praxis*. Weinheim, Basel: Beltz, S. 21.

76 ebd., S. 29

77 Vgl. ebd.

78 Einfachheitshalber benennen wir hier nur eine Technik aus der ACT.

79 Vgl. Didion, Joan (2008): *Das Jahr magischen Denkens*, Berlin: List Taschenbuch / Didion, Joan (2011): Blue Nights, London: Harper Collins.

80 Streck, Michael (2006): Schreiben gegen den Schmerz, www.stern.de/kultur/buecher/joan-didion-schreiben-gegen-den-schmerz-3327166.html

81 Vgl. Schmitt, Annette/Mees, Ulrich (2000), a.a.O. S. 213.

82 Vgl. ebd., S. 210

83 Vgl. Faßbinder/Klein/Sipos. Schweiger: *Therapie-Tools Depression*. Weinheim: Beltz Verlag 2015, S. 148.

84 Vgl. ebd. ff.

85 Kabat-Zinn, Jon (2019): *Im Alltag Ruhe finden. Meditationen für ein gelassenes Leben*, München: Knaur Leben. S. 9

86 Übersetzung durch die Autorin: If there's anything you need, I won't be far away.

87 Alle Interviews wurden von der Autorin zwischen Februar 2020 bis Mai 2021 mit den Interviewten direkt geführt. Die hier zitierten Stellen sind dem Audiotranskript entnommen worden. Alle auf Englisch geführten Interviews wurden von der Autorin ins Deutsche übersetzt.

88 Christian Peter Dogs, Nina Poelchau (2017): *Gefühle sind keine Krankheit. Warum wir sie brauchen und wie sie uns zufrieden machen*. Berlin: Ullstein Verlag.

89 Vgl. Kandale, Oliver/Rugenstein, Kai (2017): *Das Repetitorium. Lehr- und Lernbuch für die schriftlichen Abschlussprüfungen zum Psychologischen Psychotherapeuten und zum Kinder- und Jugendlichenpsychotherapeuten.* Berlin: Deutscher Psychologen GmbH, S. 345.

90 Vgl. Petermann, Franz/Koglin, Ute (2015): *Aggression und Gewalt bei Kindern und Jugendlichen. Formen und Ursachen.* Wiesbaden: Springer Fachmedien, S. 17.

91 Vgl. ebd., S. 17.

92 Vgl. Reedemann, Luise (2001): *Imagination als heilsame Kraft. Ressourcen und Mitgefühl in der Behandlung von Traumafolgen.* Stuttgart: Klett Verlag, S. 57 ff.

93 Zwei Drittel (201 Kinder) der High-Risk-Children, das heißt Kinder, die mehrere Risikofaktoren, wie beispielsweise Trennung der Eltern, Armut und soziale Deprivation ausgesetzt waren, zeigten im späteren Verlauf der Untersuchung psychische und oder gesundheitliche Einschränkungen, wobei sich ein Drittel (72 Kinder) dieser Kinder als widerstandsfähig gegenüber jeglichen Herausforderungen und Belastungen entwickelten. Die resilienten Kinder waren erfolgreich in der Schule, sozial angepasst und kompetent als auch höflich im Kontakt, psychisch gesund und fokussierten sich auf Teamwork in einer Gruppe (vgl. Masten 2016, S. 48).

94 Vgl. Fröhlich-Gildhoff, Klaus/Rönnau-Böse, Maike (2021): *Menschen stärken in verschiedenen Bereichen.* Wiesbaden: Springer Nature, S. 9

95 Vgl. Uslucan, Hacı-Halil/Şentürk, İlkiz/Yalçın, Cem Serkan: Skizzen einer kultursensiblen Resilienzförderung, in: Fröhlich-Gildhoff, Klaus/Rönnau-Böse, Maike (2021): ebd., zitiert nach Bengel/Lyssenko (2012), S. 161

96 Vgl. Ebd., S. 165 ff. Vgl. auch Rehaag, Regine/Ferrari, Nina/Froehlich-Gildhoff, Klaus/et al. (2015): *Vernetzte kommunale Gesundheitsförderung für Kinder – wirkungsorientierte Qualitätssicherung und Verbesserung der Zugangschancen vulnerabler Zielgruppen*, in: Das Gesundheitswesen 2025; 77 - A152. Stuttgart: Georg Thieme Verlag.

97 Übersetzung durch die Autorin.

98 Eisenberger, N. I., Lieberman, M. D. & Williams, K. D. (2003): Does rejection hurt? An FMRI study of social exclusion. Science 302, https://www.science.org/doi/10.1126/science.1089134

99 Vgl. Fröhlich-Gildhoff, Klaus/Rönnau-Böse, Maike (2021): Menschen stärken. Resilienzförderung in verschiedenen Lebensbereichen, zitiert nach Bengel/Lyssenko (2012). Wiesbaden: Springer Nature, S. 17.

100 Vgl. Wassmann, Reinhard (2013): Konfrontationsverfahren, S. 104, in: Batra, Anil/Wassmann, Reinhard /Buchkremer, Gerhard (2013): *Verhaltenstherapie. Grundlagen – Methoden – Anwendungsgebiete*. Stuttgart: Georg Thieme Verlag KG.

101 Dettweiler, Marcus (2004): Max Schautzer will sonntags nicht frei haben, www.spiegel.de/kultur/gesellschaft/tv-streit-max-schautzer-will-sonntags-nicht-frei-haben-a-285745.html

102 Blumenroth, Carina (2022): Studie zum Jobverlust: Die Lebenszufriedenheit geht bei Betroffenen schnell zurück, www.merkur.de/leben/karriere/jobverlust-studie-belegt-lebensqualitaet-sinkt-teilhabe-finanzen-ausgrenzung-armut-forschung-psyche-zr-91660427.html

103 Vgl. Frick, Jürg (2021): Resilienz und Salutogenese im Lehrerberuf: Förderung und Aufrechterhaltung der Lehrer*innen-Gesundheit, in: Fröhlich-Gildhoff/Rönnau-Böse: *Menschen stärken*, a.a.O. S. 117.

104 Motivation Ark (2020): www.youtube.com/watch?v=Tuw8hxrFBH8

105 Vgl. Fröhlich-Gildhoff, Klaus/Rönnau-Böse, Maike (2021), a.a.O. S. 5.

106 Monovision (2017): Interview: Human Rights photographer Josh McDonald, https://monovisions.com/josh-mcdonald-interview-with-human-rights-photographer/

107 Kreisbote (2013): Mit dem Handbike über die Alpen, www.kreisbote.de/lokales/fuessen/felix-brunner-hopferau-ueberquert-erster-rollstuhlfahrer-handbike-alpen-3077452.html

108 Scheier et al. 1999 zitiert nach Renner/Weber, S. 449, in: Weber, Hannelore/Rammsayer, Thomas (Hg.) (2005): *Handbuch der Persönlichkeitspsychologie und Differentiellen Psychologie*. Göttingen: Hogrefe, S. 446–453.

109 Ebd., S. 449

110 Zemeckis, Robert (1994): *Forrest Gump* [Film]. United States: Paramount Pictures.

111 Lama Zopa Rinpoche (2018): *The Four Noble Truths*. Somerville, MA, Wisdom Publications, S. 15ff.

112 Didion, Joan (2008): *Das Jahr magischen Denkens*. Berlin, List Taschenbuch, S. 33.

113 Albers, Josef (2013): *Interaction of Color – 50th Anniversary Edition*. New Heaven: Yale University Press, S. 3. Übersetzung durch die Autorin.

114 Vgl. Jung, Carl Gustav (1991): *Vom Leiden und Heilen*, Olten: Walter Verlag, S. 29

115 Rilke, Rainer Maria (1918): *Das Stundenbuch*. Leipzig: Insel Verlag, S. 43.

116 Kotoučová, Michaela (2012): Posttraumatisches Wachstum und therapeutische Allianz im Rahmen der kognitiven Verhaltenstherapie für komplizierte Trauer. Berlin: Logos Verlag. S. 50.

117 Vgl. ebd.

118 Seneca (2019): *Von der Kürze des Lebens. Das Leben ist lang, wenn du zu es zu gebrauchen verstehst*. München: C.H. Beck Verlag, S. 13.

DIE AUTORIN

Dr. Nady Mirian hat die Frage nach einem besseren Umgang mit Leid zum Kern ihrer Arbeit gemacht. Neben ihrer Tätigkeit als approbierte Kinder- und Jugendlichenpsychotherapeutin, ist sie Dozentin an der Universität zu Köln für Historische Bildungsforschung und Bildungswissenschaften. Sie hat zudem an der Universität Paris-Nanterre gelehrt und intensiv zur Geschichte der Psychiatrie, Resilienz und Cybermobbing geforscht.